博士号請求論文

日蓮教学における
本尊と信行の研究

緒言

日蓮聖人は生涯を通じて立像の釈尊を随身仏として崇敬した。そしてまた、日蓮聖人の宗教の一大転機となった龍口法難以後、大曼荼羅本尊を図顕し、現在、百二十余幅が伝えられている。こうした本尊の成立と形態については、日蓮聖人滅後、解釈が展開され、更にまた近年においても先学の研究が積み重ねられている。

しかし、日蓮聖人の本尊の成立については、いわば救済の構造の上から研究を進めなければ、解明し得ないところであろう。その点については、拙著『日蓮宗信行論の研究』（平楽寺書店、一九七六年）のなかで若干ふれているが、本稿の目標は、こうした救済の構造、やや具体的に言えば、法華経の世界と関わって本尊がどのように要請されているのかを究明するという角度から、本尊の救済を解明しょうとするものである。そして、それはまたとりもなおさず、衆生の側からすれば、信行論の確定ということとなるであろう。

本研究は、そのような視座に立ち、先学の研究の恩恵を受けた上で、日蓮教学において本尊が救済論と関わってどのように理解されるべきかを論究し、あわせてその周辺の課題を研究しょうとしたものである。

第一章「大曼荼羅図顕の意義と背景」では、まず、現存する日蓮聖人自筆の大曼荼羅と被授与者との関係を検討する。それによって日蓮聖人の大曼荼羅授与が日蓮聖人の教団を構成する各地の法華堂、ならびに信徒の状況に合わせて行なわれたものであることが解明できるのではないかと考えたからである。次いで大曼荼羅中に見られる讃文を集計し、それら経・釈の引用文と日蓮聖人遺文中に引用される共通の経・釈の意味づけとが照合することを認めることができたので、それによって、教主釈尊の救済がどのように具体的なものとして認識されるのか、検討し得るのかの可能性を見出そうとする。そこに、とりもなおさず、日蓮聖人の宗教が、末法衆生の救済、教主釈尊の危機の時代に生きる衆生への救済として凝縮されていることは、いうまでもないことであるが、その信仰の世界を再認識し、その救済の自証のありようと大曼荼羅授与の関連を、根幹から確めようとする。

第二章では、「日蓮聖人の釈尊観」をとりあげた。その理由は、日蓮聖人が遺文中において教主釈尊を本尊とすることを示し、釈尊立像を随身仏としている一方で、首題を中軸とした大曼荼羅を図顕したこととの関連が従来とも本尊論議のなかで問われているのであるが、このことを構造的に解明するためには、第一に日蓮聖人の釈尊観を究明するとともに、第二に釈尊と法華経との関係を詮明する必要があると考えたためである。そこで、まず歴史的釈尊像の理解と教主釈尊像の教義的意義づけについて考察する。日蓮聖人が誓願・主師親三徳・値難の三方面について教主釈尊を理解したことをあらためて整理し、それらと日蓮聖人の法華経の行者の自覚とを重ね合わせて認識している法華経の救済というところでの日蓮聖人の釈尊観の特色を究明しょうとする。

次いで第三章では前述の第二の課題、すなわち、「日蓮教学における釈尊と法華経」との関係について論考する。そこで、第一節に「釈迦仏と法華経との関連」の日蓮聖人の表現を整理し、考察しょうとする。日蓮聖人において、釈尊と法華経とは、能説・所説であるとともに所生・能生の関係において理解されている。このことは晩年、身延在山期にしばしば語り示されていることが検証されるが、実はすでに初期の『守護国家論』等にもそれは提示されている。前章の釈尊観と表裏一体の関係として、この理解が具体的にどのように語り示されているかを整理し、基本的な両者の関係を確めようとする。第二節の「三仏帰命と加護」は、日蓮聖人遺文中、『観心本尊抄副状』をはじめとして、「三仏」への帰命がしばしば語られていることに注目し、それと久遠釈尊への帰命との関わりを究明しょうとする。結局、日蓮聖人の理解する法華経の仏陀観は、教主釈尊とともに法華経証明、讃歎を本願とする多宝如来、十方分身諸仏とを相関、一具したすがたとしてとらえられるのではないかという論点から、その意義を考察する。なお、教主釈尊の救済にとって法華経の会座（世界）ということが重要な意味をもつこと、大曼荼羅図顕の背後に、そのような認識を究明しょうとする方向を提示しょうとする。

以上、第一章から第三章までは、大曼荼羅図顕の背後にある、日蓮聖人の釈尊・法華経の理解、および救済の認識について考究しょうとするものである。

第四章「日蓮教学における闡提成仏と謗法の問題」は、日蓮聖人の救済論の前提となる末代凡夫に対する認識について検討することを目的とする。第一節では「地獄観と謗法」について論じる。日蓮聖人が諸宗を批判し、法華経の救済のみが末法の衆生に約束されていると主張したのは、誹謗正法が釈尊滅後の最大の罪悪であるとの認識に基づくものである（前掲『日蓮宗信行論の研究』参照）。しかし、日蓮聖人のこの謗法意識を形成するもとに、仏教において一貫して警告され、ことに中世以来なまなましく論じられた地獄観の継承とその克服があったのではないかとの観点から、考察を加えようとする。第二節「仏種論と謗法」では、謗法の機の救済が末代幼稚の救済として述べられていることの意味を問い、仏教教理史上、一闡提成仏の系譜との関わりを検討しつつ、日蓮聖人の仏種論を考究する。

第五章以降は、こうした日蓮聖人の救済論が、法華経信仰受容者たちの信行論と関わってどのように展開し、教理体系理解に結びついたかについて一瞥を加えようとする。

第五章「日蓮宗上代における本迹論の展開」では、日蓮聖人が主張した本門法華経の救済を闡明するために行なわれた本迹論の展開について、特に日蓮聖人滅後の本迹論興起の始源に焦点をあてて考察する。

第六章「近世日蓮宗各派における教学体系化の様相」は、近世の日蓮系各派の教学者たちが、それぞれ展開した信行論・成仏論・一念三千論等について考察し、ことにそれらの課題が時代社会における救済と信行の確証にどのような関わりをもっているかを考察しょうとする。

第七章「日蓮教学における三昧の問題」は、仏教における伝統的修行はいうまでもなく三昧（禅定）であるが、日蓮聖人にあってはそれらを超克している。それならば、日蓮聖人滅後、特に近世日蓮教学において、叙上の法華経の三昧という仏教伝統をどのように位置づけるのがを究明する。

本稿は、右のような意図と方法によって論述する。

日蓮教学における本尊と信行の研究

目次

論文主査　宮崎英修教授
副査　浅井圓道教授　野村燿昌教授
論文受理　昭和五十四年十一月十四日
学位授与　昭和五十五年十一月十二日

書名の略称

定遺　昭和定本日蓮聖人遺文
宗全　日蓮宗宗学全書
日全　日蓮宗全書

その他については、初出の註に具名を挙げた。

第一章　大曼荼羅図顕の意義と背景

日蓮聖人は立教開宗の出発時から釈尊の立像を随身仏として給仕され、弘安五年、聖人入滅後も立像の釈尊として伝承された。一方、四箇度の法難を経て、文永十年四月二十五日撰述の『如来滅後五五百歳始観心本尊抄』に本尊の原理と形態を示され、同年七月八日、大曼荼羅本尊が始顕された。この大曼荼羅は末法衆生救済のために明らかにされた本尊である。その本尊の解釈については、いわゆる本尊論として展開されて来たが、今は、一往それらを離れて大曼荼羅図顕の意義を尋ねてみたい。

大曼荼羅解釈については『本尊論資料』(1)に収められる諸山・諸師の「本尊相伝」が伝えられており、明治以降の論もそれらの延長線上にあるといってよいであろう。しかし、日蓮聖人の雄渾な宗教を思うとき、もう一度大曼荼羅が図顕された経過をたどりつつ、聖人の救済の構造へアプローチしようとすることもあながち徒事とは言えないと思われるからである。

第一節　大曼荼羅授与の周辺

遠くは遠沾日亨（一六四六―一七二一）の『御本尊鑑』[2]、また最近においては立正安国会編纂になる『御本尊図集』[3]等によって、われわれは親り聖人御真蹟の大曼荼羅一二三幅を偲ぶことができ、その他数幅が発見されている。

周知の通り聖人真筆の大曼荼羅には形状に大小があるのである。今、『御本尊図集』収載大曼荼羅一二三幅についてその形状の概容を検討してみると、一紙に図顕されたもの五〇点、三枚継《つぎ》五一点をはじめとして、二枚継九点、四枚継三点、十枚継二点、その他六枚継・八枚継・十二枚継・十八枚継・二十枚継・二十八枚継が各一点となっている。つまり、圧倒的多数は一紙乃至三枚継であり、それ以上大きいものがそれぞれ少数例あるということである。

それではこれらの形状の大小と被授与者との関係はどうなっているであろうか。詳細に検討すると被授与者が明らかとなるもの六十五例（五二・八五％）、不明分四十八例（四七・一五％）であるので、被授与者が明らかとなっているものによる推論は必らずしも正確と言えない点もあろうが、ある程度の累推値として参考にすることができるであろう。その検討の結果を集計したのが左の表である。

この表に基づいて被授与者との関係を検討してみよう。

まず、《一紙》についてみると、文永期中図顕の大曼荼羅で被授与者が明らかなものは〔一二〕のみで、「佐渡国法花東梁阿仏房彦如寂房日満相伝之」（日興聖人添書）によって阿仏房に授与されたであろうことが推測されるのである。建治期では〔二八〕（経一丸）、〔三八〕（亀若護）、〔四〇〕（亀姫護）の三点で、いずれも護り本尊の特殊な御図顕である。そこで弘安期三十五点中二十八点についてみると、俗――…13、優婆塞――…3、優婆夷――…2、比丘――…1、比丘尼――…1、沙弥――…1、――女…3、他…4（日仏・日□・日妙・盲目乗蓮）となっている。つまり俗――、優婆塞――、優婆夷――、――女のように在家男女信者に授与されたもの

年代	文永			建治			弘安			総計		
紙数	点数	被授与者 明	被授与者 不明	点数	被授与者 明	被授与者 不明	点数	被授与者 明	被授与者 不明	総点数	被授与者 明	被授与者 不明
一紙	10	1	9	5	3	2	35	28	7	50	32	18
二枚継	1	0	1	0			8	5	3	9	5	4
三枚継	9	0	9	12	0	12	30	25	5	51	25	26
絹（ほぼ三枚継に相当）	0			0			1	0	1	1	0	1
四枚継	1	0	1	2	0	2	0			3	0	3
六枚継	1	0	1	0			0			1	0	1
八枚継	0			1	1	0	0			1	1	0
十枚継	0			1	0	1	1	0	1	2	0	2
絹（ほぼ十枚継に相当）	1	1	0	0			0			1	1	0
十二枚継	0			0			1	1	0	1	1	0
十八枚継	1	0	1	0			0			1	0	1
二十枚継	1	0	1	0			0			1	0	1
二十八枚継	0			0			1	1	0	1	1	0

が圧倒的に多く、その他の例も同様であることが窺える。そこで比丘・比丘尼・沙弥について調べると、〔一〇〇〕には「比丘日法授与之」とある（但し、日興聖人添書として「紀伊国切目刑部左衛門入道相伝之」とあり、更に『富士宗学要集』史料類聚によれば、今の文の以下に「子息沙弥日然譲二与之一」とあるとされるが判読が困難であるという）。〔七九〕の沙弥妙識、〔一〇八〕の比丘尼持淳については管見のかぎりではいかような人物であるか不明である。或はそれは入道・尼となった人かとも考られる。

《二枚継》についても同様で、〔六九〕（弘安二年十一月）の沙門日永、即ち下山の因幡房日永に授与された他は優婆塞――…2、俗――…2で、他の4は授与書がない。但し、〔五五〕には「可為本門寺重宝也　因幡国富城寂仙房日澄母尼弘安三年九月申与之」（日興聖人添書）とある。

《三枚継》についてみると、文永期御図顕九図については授与書がない。但し、〔一一六〕（文永十一年十二月）〔万年救護の大曼荼羅〕が保田妙本寺に、〔十七〕（年時不記）〔朗尊加判の大曼荼羅〕が平賀本土寺に、それぞれ所蔵されている。建治期の十二幅についても〔三一〕の釈日与宛以外は授与書がないが、〔三二〕には「富士西山河合入道女子高橋六郎兵衛入道後家持妙尼仁日興申与之」[4]（日興聖人添書）とあり、〔三五〕（茂原市藻原寺蔵）は、寺伝によれば日向聖人授与と伝わるという。

弘安期についてみると、〔五〇〕沙門日門、〔五二〕比丘日賢、〔六七〕沙弥日徳（以上詳細不明）を含む〔五三〕日頂上人、〔六〇〕釈子日目、〔六一〕日向法師、〔六三〕比丘日弁、〔六五〕沙門日法、〔九二〕沙門日華、〔一〇五〕僧日春、〔一二〇〕沙門天目と、直弟への授与十例がみられ、〔六四〕比丘尼日符、〔八三〕尼日実、〔八九〕尼日厳、〔一〇七〕比丘尼持円の四例、〔六二〕優婆塞日田、〔六八〕優婆塞日安、〔一〇二〕優婆塞藤原日生の三例、〔五九〕妙心、〔七一〕俗日頼（四条金吾）、〔七三〕藤原清正、〔一〇三〕俗資光、〔一一〇〕俗日常、〔一一九〕俗日専、〔一二一〕俗藤三郎日金の四例、等がみられる。今、文永期、建治期は措いて、弘安期について調べると、三十図中、被授与者が明らかなもの二十五名中、比丘…十一（四四％）、比丘尼…四（一六％）、優婆塞…三（一二％）、俗…七（二八％）という比率になっている。ここにいう比丘尼、優婆塞が具体的にどのような役割を果していることを示すのか明確でないけれども、例えば俗日頼とは四条金吾であり、また比丘十一名中八名が非常に重要な役割を果している人物であることからみても、それぞれの地域における重要人物と考えられるのではなかろうか。即ち四条金吾頼基は八日講を主宰していた人物であり(5)、また日蓮聖人より『開目抄』の保管を命ぜられたほどの人物であるのである(6)。また〔一一〇〕の俗日常とはいかなる人物であるのか注意をひかれるところである。中山法華経寺の祖、富木日常は「常修院本尊聖教事」の巻頭に「妙法蓮華経漫陀羅一鋪」を挙げ(7)、三祖日祐も「本尊聖教録」（両寺法華本妙本尊聖教録）の初めに「御自筆大曼荼羅一鋪」と記録している(8)のであって、当然富木日常は日蓮聖人から大曼荼羅を授与されているのであるが、『御本尊集目録』には中山法華経寺所蔵のものも、富木日常授与のものも確認されない。聖人滅後七百年を経た今日にも授与者ゆかりの寺院に伝統格護されているものがあるのに対して、その間に格蔵者が変化しているものもあるのであるから、〔一一〇〕が富木日常に授与されたものという可能性もある。格蔵者の変化については、白蓮日興の聖人御本尊への添書、及び「本尊分与帳」(9)によって示されるように、個人宛の大曼荼羅についても、次々に譲与され、日興はきびしく指示をしているのであるが、その本六人の日目授与本尊〔六〇〕が現在、日蓮宗（身延山第十二世円教日意開基）桑名市寿量寺に宝蔵されているのである。従って今の〔一一〇〕俗日常＝富木日常の推理も充分あり得るのである。

　ともあれ、このように、聖人在世の教団において重要な人物に授与されたものが《三枚継》の場合多いという点は確認しておいてよいと思う。

《四枚継》以上の大曼荼羅は僅か十二例しかない。

(図番号)	(大きさ)	(被授与者)	(年時)	(現宝蔵者)
〔 九〕	十八枚継	(千日尼)	文永10?	阿仏房妙宣寺
〔一一〕	絹(十枚継程度)	沙門天目	文永11	京都妙満寺
〔一三〕	六枚継	?	文永11	茂原藻原寺
〔一八〕	二十枚継	本土寺(?)	文永12?	平賀本土寺
〔一九〕	四枚継	?	文永12?	京都妙伝寺
〔二六〕	四枚継	(南条七郎次郎時光)?	建治1	新曾妙顕寺
〔二七〕	四枚継	?	建治1	京都妙顕寺
〔三四〕	十枚継	日朗	建治2	京都本圀寺
〔三七〕	八枚継	大日本国沙門日照	建治2	玉沢妙法華寺
〔五七〕	二十八枚継	優婆塞藤太夫日長	弘安1	岡宮光長寺
〔八二〕	十枚継	?	弘安3	鎌倉妙本寺
〔一〇二〕	十枚継	釈子日昭	弘安3	玉沢妙法華寺

《四枚継》《六枚継》については被授与者は明記されていない。但し、〔二六〕は新曾妙顕寺所蔵の白蓮日興添書及び『本尊分与帳』によれば南条兵衛七郎次郎時光に授与されたものであり[10]、今の両文書は日興が授与した添書となっているが、日蓮聖人在世に時光との交渉があるのであるから、添書の意味は白蓮日興を経由して授与されたものという意味であろう。

その他については、〔五七〕のいわゆる二十八枚継の大御本尊を授与された優婆塞藤太夫日長については詳細を知ることができないが、他についてはそれぞれ大曼荼羅を授与された背景を推察することができよう。

第二節　大曼荼羅と法華堂

日蓮聖人在世の教団は、聖人の檀越を中心とした講衆が各地にあって、弟子が教化指導にあたり、聖人からの指示を伝え、またその解説を行なったと考えられる。

そこで、まず日蓮聖人在世乃至入滅直後に建立された法華堂を中心に講衆の形成と大曼荼羅授与について考えてみよう。

『日蓮教団全史』(11)によればそのような法華堂の著名なものとして1～7を挙げているが、それに8を私は加えたいと思う。

『開目抄』には、日蓮聖人が法華経の行者であるかないかと問うて行く中で、「捨閉閣抛と定て法華経の文をとぢよ巻をなげすてよとゑりつけ（彫付）て、法華堂を失へる者を守護し給べきか」(12)と述べられ、また『立正安国論』には「弥陀の堂に非れば皆供仏の志を止め、念仏の者に非れば早く施僧の懐《おもひ》を忘る。故に仏堂零落して瓦松の煙老い、僧房荒廃して庭草の露深し」(13)と述べられているように、法華経の伝統を回復する拠点たる僧房乃至堂宇として聖人及び門下は法華堂を形成して行ったと考えられる(14)。そしてまた、富木氏は、聖人が弘安四年に身延の坊を修築する際、四貫文を送り、聖人は富木氏に「銭四貫をもちて、一閻浮提第一の法華堂造りたりと霊山浄土に御参り候はん時は申しあげさせ給ふべし」と讃えている(15)。

そのような法華堂を中心とした聖人門下の動向として、地方の檀越と弟子との関係が考えられるが、ここに掲げた法華堂については後の文献・伝承等によって知ることができるのであって、聖人の直接資料との関連はほとんどない。その中で、8弁阿闍梨の坊については、『両人御中御書』によって推測できるものである。このこと

〔道場〕	〔現在寺院名〕	〔創立年代〕	〔開　基〕	〔開山〕	〔本尊〕
1下総若宮法華堂	法華経寺（法華寺）	文応元（一二六〇）	富木常忍	日常	？
2鎌倉比企谷法華堂	妙本寺	文永十一（一二七四）	比企能本	日朗	34？81？
3身延山久遠寺	久遠寺	文永十一（一二七四）	南部実長	宗祖	？
4上総茂原法華堂	藻原寺（妙光寺）	建治二（一二七六）	斎藤兼綱	日向	13（35）61
5下総平賀法華堂	本土寺	建治二（一二七六）	曾谷教信	日朗日伝	18
6下総真間弘法寺	弘法寺	弘安元（一二七八）	富木常忍	日頂	53？
7武蔵池上本門寺	池上本門寺	弘安六・七（一二八三・四）	池上宗仲	日朗	
8鎌倉弁阿闍梨の坊	玉沢妙法華寺（浜土法華寺）		日　昭	日昭	37・101

については高木豊氏が既に指摘している通りであるが[16]、大曼荼羅との関連について述べてみたい。

聖人は、弘安三年（または二年）に日朗と池上氏に『両人御中御書』を送って故大進阿闍梨の坊の処置について次のように述べておられる[17]。即ち、故大進阿闍梨の坊は二人の手に譲られ委ねられているようだが、未だに人も住していないというのはどういう事情なのか。早く弁の阿闍梨の坊へ移築し、弁の阿闍梨の坊を修理して広くなし、雨漏りもないようにするならば、諸人のための御たからとなるであろう。冬は火災が多い。もし焼失してしまったならば損失でもあり、人のもの笑いでもあろう、というのである。これによって、少なくとも故大進阿闍梨、弁阿闍梨日昭が坊をもち、それが諸人集会の場所、教説聴聞の坊舎として存在していたことが窺われるのである。

これによると、鎌倉には少なくとも弁阿闍梨日昭の坊と大進阿闍梨の坊とが存在していたことが確認できるが、既に文永十年（一二七三）、佐渡流謫中の聖人は日昭に大師講の執行を命じておられ[18]、それが今、弘安三年（一二八〇）頃の時点でも日昭の坊が鎌倉教団の中心となっていたことが推察できるのである。

ところで、これに関連して興味を引くのは、いずれも玉沢妙法華寺所伝にかかる日昭へ授与された大曼荼羅二幅についてである。

〔三七〕建治二年太才丙子卯月□日、(通称祈禱御本尊)、大日本国沙門日照之、丈四尺四寸〇分(一三三・四センチ)幅三尺二寸四分(九八・五センチ)〔八枚継〕

〔一〇一〕弘安三年太才庚辰十一月　日、(通称伝法御本尊)、釈子日昭伝之、丈六尺五寸二分(一九七・六センチ)幅三尺五寸九分(一〇八・八センチ)〔十二枚継〕

建治二年卯月□日授与の大曼荼羅には、〔三七〕のほか左の三点がある。

〔三四〕丈五尺〇寸四分(一五二・七センチ)幅三尺一寸二分(九四・五センチ)〔十枚継〕京都本圀寺蔵、(寺伝によれば日朗に授与されたものという)

〔三五〕丈三尺一寸〇分(九三・九センチ)幅一尺六寸八分(五〇・九センチ)〔三枚継〕茂原市藻原寺蔵、(寺伝によれば日向に授与されたものという)

〔三六〕丈三尺〇寸〇分(九〇・九センチ)幅一尺五寸八分(四九・九センチ)〔三枚継〕

ところで、〔三七〕の「大日本国沙門日照之」という授与書は、伝承によれば、もと紙背に認められたものを、表装に際して表面に帖付したものという。日照は日昭と別人かという疑問も発せられるであろうが、(1)「大日本国沙門」という表現は余人に冠せられなかったであろうこと。(2)『本化高祖年譜』[19]『年譜攷異』[20]にはいずれも建治二年四月、日昭・日頂に本尊を授与したと述べていることによっても、日照＝日昭と理解してよいと思う。そしてまた〔三四〕についても、その右下隅の紙背に墨痕を存し、本圀寺では之を日朗への授与書と伝えるという[21]。更にまた〔三五〕も寺伝によれば日向授与と伝えるのであって、日蓮聖人が建治二年卯月□日に、六老僧のうち日昭・日朗・日向の三師に授与されたものと解される。しかも〔三四〕は十枚継〔三七〕は八枚継であるから、当然それが奉掲されるような法華堂が存在したと考えられ、日昭のみならず日朗も諸人集会の法華堂に住していることが推察されるのであり、それを格蔵する寺院も、

〔三七〕弁阿闍梨の坊↓鎌倉浜法華寺↓玉沢妙法華寺

〔三四〕日朗の坊↓鎌倉妙法寺↓京都本圀寺

〔三五〕上総茂原法華堂↓妙光寺↓藻原寺

と、それぞれ、日昭・日朗・日向のゆかりの寺院に正しく格蔵されていることを知るのである。

それならば、日昭に対して、〔三七〕を授与しながら、僅か四年後に聖人が再び大曼荼羅を授与されたのはいかなる理由によるものであろうか。山中喜八氏は、そのような事例が日向に対してもあり、また日興より寂仙房日澄へ二度の本尊付与の例もあり、「深甚の留意を要する事項と言わねばならぬ」としている[22]。

だが、ここに大胆な仮説を提示してみよう。『両人御中御書』には通例のごとく「十月廿日」とのみあるが、『昭和定本』は弘安三年に系年を宛てている。そうであると、〔一〇一〕の所謂「伝法御本尊」の御図顕は同年十一月□日となっているのであって、両者が緊密な関係にあることを思わせるのである。即ち、『両人御中御書』には「くはしくうけ給ハリ候へば、べん（辨）の阿闍梨にゆづられて候よしうけ給ハリ候き。又いぎ（違義）あるべしともをぼへず候。……ふゆ（冬）はせうもう（焼亡）しげし。もしやけ（焼）なばそむ（損）と申シ、人もわらいなん。このふみ（文書）ついて両三日が内に事切て各々御返事給ヒ候はん」[23]と、故大進阿闍梨の坊を弁阿闍梨の坊に急いで移築することを命じているのである。そのような次第であるから、当然急ぎ工事が行なわれたことであろう。そして聖人の指示の通り、「弁の阿闍梨の坊をすり（修理）して、ひろ（広）く、もら（漏）ずば、諸人の御ために御たからにてこそ候はんずらむめ。」と、一定の広さを得たことであろう。聖人自らこのような指示をなさったことは鎌倉の日蓮教団にとって重大事であったのであろうし、それ故に聖人が拡張

なった新たな弁阿闍梨の法華堂のために〔三七〕建治二年の八枚継に対して十二枚継の大曼荼羅をしたためられ、堂の一層の使命を意義づけられたということが充分考えられるのではなかろうか。

このような理解に従って大幅の大曼荼羅を見ると、文永十年の〔九〕阿仏房妙宣寺宝蔵の十八枚継御本尊、文永十二年の〔一八〕平賀本土寺宝蔵の二十枚継御本尊等を奉安した、それぞれの法華堂が地域の中心の法華堂たることが窺われるのである。

第三節　大曼荼羅讃文について

初期のものは別として、文永十二年四月〔二〇〕以降、「仏滅後二千二百三十余年之間一閻浮提之内未有大曼荼羅也」等の讃文がほとんど必ず記載されるようになる[24]。

その趣意は、〔一三〕〔一六〕等の讃文を要約したものと推察することができよう。

〔一三〕「大覚世尊入滅後二千二百二十余年之間、雖レ有二経文一一閻浮提之内未有ノ大曼荼羅也、得レ意之人察レセヨ之ヲ」（文永十一年七月二十五日）

〔一六〕「甲斐国波木井郷於二山中一図レ之、大覚世尊　御入滅後経二歴二千二百二十余年一、雖レ尓　月・漢・日ノ三ケ国之間未レ有二此大本尊一、或知不レ弘レ之、或ハ不レ知レ之、我カ慈父　以二仏智一隠シ二留メ之ヲ一　為二末代一残レシタマヘリ之ヲ、後五百歳之時、上行菩薩出二現シテ於世ニ一始テ弘二宣タマフ之ヲ一」（文永十一年十二月□日）[25]

また、いわゆる佐渡始顕大曼荼羅の讃文には次のようにある。

文永八年太才辛未九月十二日蒙二御勘気一遠二流佐渡国一、同十年太才癸酉七月八日図之、此法華経大曼荼羅仏滅後二千二百二十余年一閻浮提之内未曾有之、日蓮始図レ之、如来現在猶多怨疾況滅度後、法華経弘通之故有二留難一事仏語不レ虚也(26)。

これらの讃文は『観心本尊抄』の

今末法初　以レ小打レ大　以レ権破レ実　東西共失レ之　天地顚倒。迹化ノ四依隠不二現前一、諸天棄二其国一不レ守二護之一。此時地涌菩薩　始出二現世一　但以二妙法蓮華経五字一令レ服二幼稚一。因謗堕悪必因得益是也。我弟々惟レ之。（定遺七一九頁）

に結帰される『観心本尊抄』の世界と一体のものであって、釈尊の随自意を開いて末代衆生救済の教法を、今、上行菩薩が弘宣する旨が述べられているといえよう。要するに「法滅尽時」における救済の確証がこの大曼荼羅への帰投によってのみ可能であることが、短かい讃文の中に籠められているといってよいであろう。

そのような意味からすれば、大多数の大曼荼羅に讃せられる「仏滅後二千二百二十余年之間一閻浮提未曾有」云云のほかに経・釈等を讃することは、ある意味では必らずしも必要でないといえようし、従って、他の経文・釈文を讃している大曼荼羅と、そのような讃文のない大曼荼羅との間に質的な差違はないのである。しかし、堂曼荼羅・弟子曼荼羅・檀越曼荼羅の特色と讃文の表現とを照応した際、どのようなことが見出されるであろうか。まず、讃文を集計してみると次の十四種の組み合せであることが分る。

A・当ニレ知ル身土ハ一念三千ナリ。故ニ成道ノ時称フテ二此ノ本理ニ一一身一念遍ネシ二於法界ニ一　（妙楽『止観輔行伝弘決』第五巻＝会本第五巻之三、二〇丁）

B・今此三界皆是我有其中衆生悉是吾子而今此処多諸患難唯我一人能為救護（法華経・譬喩品第三・講本（2・30）八二頁）

C・此経則為閻浮提人病之良薬若人有病得聞是経病即消滅不老不死　（法華経・薬王菩薩本事品第二三・講本（7・35）三五八頁）

C’・（右文のうち）「病即消滅不老不死」のみ

D・有供養者福過十号若悩乱者頭破七分（妙楽『法華文句記釈籤』第四巻）

E・謗者開罪於旡間讃者積福於安明（伝教『依憑集』・伝教大師全集第三巻三六四頁）

F・若於一劫中常壊不善心作色而罵仏獲無量重罪其有読誦持是法花経者須臾加悪言其罪復過彼有人求仏道而於一劫中合掌在我前以無数偈讃由是讃仏故得無量功徳歎真持経者其福復過彼（法華経・法師品・講本（4・26）一九四頁）

G・我所説経典無量千万億已説今説当説而於其中此法華経最為難信難解（法華経・法師品・講本（4・27）一九五頁）

H・已今当妙於茲固迷舌爛不止、猶為花報謗法之罪苦流長劫（妙楽『法華文句記釈籤』第三巻）

I・而此経者如来現在猶多怨嫉況滅度後（法華経・法師品第十・講本（4・26））

J・一切世間多怨難信先所未説而今説之（法華経・安楽行品第十四・講本（5・33）二五〇頁）

K・余失心者見其父来雖亦歓喜問訊求索治病然与其薬而不肯服（法華経・如来寿量品・第十六・講本（6・8）二七九頁）

L・是好良薬今留在此汝可取服勿憂不差（法華経・如来寿量品・講本（6・3）二七九頁）

M・譬如一人而有七子是七字中一子遇病。父母之心非不平等然於病者心則偏重（涅槃経・梵行品・正蔵十二巻四八一頁、七二四頁）

N・世有三人其病難治、一謗大乗、二五逆罪、三一闡提、如是三病世中極重（涅槃経・現病品・正蔵十二巻四三一頁、六七三頁）

これらの讃文を見ると、すべて滅後末法の衆生は謗法の大病・大逆罪に堕しており、無間地獄への道をふさぐことのできるのは、ひたすら釈尊の随自意としての法華経本門の救いを信ずることに尽きること、その信仰を完徹するためには、さまざまな障害がでてくるであろうことが明らかである経文・釈文が挙げられているといえよう(27)。いうまでもなく『守護国家論』『立正安国論』には諸経が引用され、また『開目抄』等にも経・論・釈が盛んに引用されているが、これらの讃文はむしろ『観心本尊抄』流通分において末法為正を明らかにする部分(28)に引用された経文等、或はそれらの曳引としての『法華取要抄』『曾谷入道殿許御書』等と共通するものが多い。

つまり、ここにかかげられた讃文は弘通折伏の論拠としての経文・釈文ではなく、末法における救済の確証としての経証という性格を持つように思われるのである。

	守護国家論	立正安国論	開目抄	観心本尊抄	撰時抄	報恩抄	一代五時図	一代五時鶏図	その他
A				七一二頁					一代聖教大意　七二頁
B							二二八三頁	二三八六頁	戒体即身成仏義　一四頁
							二三〇二頁	二三九〇頁	南条抄　三二〇頁
							二三三九頁		八宗違目抄　五二五頁
									(断簡五三)　二四九六頁
C									法華取要抄　八一五頁
									可延定業御書　八六一頁
									曽谷抄　九〇三頁
									高橋入道御返事　一〇九一頁
									太田入道殿御返事　一一一六頁
									道妙禅門御書　一二五六頁
D									法蓮抄　九三七頁
									四信五品抄　一二九九頁

									日女御前御返事　一五一二頁
									高橋殿御返事　一八一八頁
E					一〇五八頁	一二一八頁			聖人知三世事　八四三頁
									曽谷抄　九一一頁
									随自意御書　一六一八頁
									富木殿御返事　一八一八頁
F									上野殿御返事　八三五頁
									法蓮抄　九三七頁
									松野殿御消息　一一四一頁
G	九八頁	(広本)		(七一三頁)		一一九六頁	一二三〇二頁	一二三八七頁	
	一〇二頁	一四六七頁					一二三三七頁		
H			五八五頁				一二三三七頁		法華真言勝劣事　三一〇頁
									和漢王代記　二三四八頁
I			五五七頁	七一五頁	一〇〇七頁	一一九八頁			南条抄　三二七頁
			五五八頁	七一九頁		一二四五頁			転重軽受法門　五〇八頁
			五九九頁						寺泊御書　五一二頁
									法華行者値難事　七九六頁
									法華取要抄　八一五頁
J				七一六頁					
K			五五七頁		一〇〇七頁	一一九八頁			転重軽受法門　五〇八頁
									南条抄三二七頁、寺泊御書五一二頁
									法華行者値難事　七九六頁
L				七一六頁					法華取要抄　八一四頁

				七一七頁				
				七一九頁				
M				七一九頁				法華取要抄　八一五頁
								曽谷抄　九〇三頁
								浄蓮房御書　一〇七三頁
N								妙心尼御前御返事　一〇一三頁
								太田入道殿御返事　一一一五頁

第二に、これら讃文が付された大曼荼羅はそれぞれに重要な折節に授与されたものではないかと考えられる。

	文永	建治	弘安	小計
一紙	1	5	4	10
三枚継	0	0	7	7
八枚継	0	1	0	1
絹（十枚分）	1	0	0	1
二十八枚継	0	0	1	1
（計）	2	6	12	20

Aが讃されるのは〔八〕のみである。これには未だ本化四菩薩が配されておらず、及びの種字が上に配されている[29]もので、大曼荼羅として整えられる以前のものであるように思われるが、しかしこの讃文はいうまでもなく『観心本尊抄』（定遺七一二頁）において重要な意義を有する釈文である。即ち、第一段・能観段（観心を明す）を結び、第二段・所観段（本尊を奠む）へと展開して行く上での文証として挙げられているもので、

凡心に四聖（仏界・菩薩界・縁覚界・声聞界）を具することを明し、「十界因果の正報の身と依報の国土とは、（本然として）我等行者の一念に具する三千の妙法であり、故に信心受持が成就する時、この十界因果具足の妙法の本理に称契して、行者の一身・一念は、十界即ち一仏界となって法界に周遍する」(30)旨を明らかにするために掲げられた文である。そのような意味で、A、妙楽の『輔行伝弘決』の文は、日蓮聖人によって事一念三千理解の上から新たに照射され、事の観心と本尊とを結ぶ——つまり救済の構造と帰命の中核を顕示する——重要な意味を帯びているのである。

さて、〔八〕は授与書がないが、文永期の大曼荼羅には〔一一〕を除いて授与書がないのであるが、このような讃文が殊更に付される例が他にみられないこと、所蔵が平賀本土寺であることから、日蓮聖人から日朗、或は下総平賀法華堂（建治二年頃創立）創建にかかる集会の中核を担う人物に授与されたものではないであろうか。

Bの法華経譬喩品の文は、早く『南条兵衛七郎殿御書』（定遺三二〇頁）や『八宗違目抄』（同五二五頁）、『一代五時図』（同二二八二頁、同二三〇三頁、同二三三九頁）、『一代五時鶏図』（同二三三九頁）等にかかげられている。いうまでもなく、この経文はこの娑婆世界が釈尊御領であり、釈尊は主・師・親三徳具備の教主であることを明らかにするものである。

而今此処　多諸患難
今此三界　皆是我有
南無妙法蓮華経　日蓮

其中衆生　悉是吾子
唯我一人　能為救護
（花押）
建治元年太歳乙亥十二月　日　経一丸之

〔二八〕（建治元年十二月、経一丸に授与）〔二九〕（不詳）〔九〇〕（不詳）は全く同様の様式を示している(31)。山中喜八氏の分類によれば、それぞれA（Ⅱ）の一・二・三に該当するもので、〔二八〕は殊に日像（幼名経一丸）への「玄旨伝法御本尊」と伝えられ、また〔二九〕は「今此三界御本尊」との通称を持つ。しかし、この三例は、上の〔二八〕図のようにいづれも一紙に題目及びこの経文が記されているのであり、建治元年のみでなく、〔九〇〕のように弘安三年頃(32)のものもあると推察されるとすると、この形式は、大曼荼羅としては特異なものと考えられ、むしろ、「被守護」のいのりが籠められているものと考えられるのではないだろうか。〔六六〕は山中説ではD（Ⅰ）の二に挙げられるが、略本尊の様式であるが、Bの讃文の様式からすれば、〔二八〕〔二九〕〔九〇〕に近いものであるといわねばなるまい。〔一一〕においてはBは讃文の一部に挙げられている。

C’は〔三八〕〔三九〕〔四〇〕に集中している。〔三八〕〔四〇〕には「亀若護也」・「亀姫護也」の授与書が花押の中に記されており、C（Ⅲ）の二に分類されるが、特異なものといえよう。

第四節　讃文と加護の意義

聖人が本尊への帰命を述べる場合に、一方では救済の絶対性を説き、他方ではそれが現実の加護となること、両者は一体不可分であると説くこと明らかである(33)。それは大曼荼羅に一貫していることなのであって、他の讃文を理解する場合にもそのことを念頭に置かなければならないであろう。例えば『新尼御前御返事』には次のように述べられる。

大旱魃・大火・大水・大風・大疫病・大飢饉・大兵乱等の無量の大災難竝ヒをこり、一閻浮提の人人各各甲冑をきて弓杖を手ににぎらむ時、諸仏・諸菩薩・諸大善神等の御力の及ハせ給ハざらん時、諸人皆死して無間地獄に堕ルこと、雨のごとくしげからん時、此五字の大曼荼羅を身に帯し心に存せば、諸王は国を扶け、万民は難をのがれ、乃至後世の大火災を脱ルべしと仏記しをかせ給ヒぬ。（定遺八六七―八頁）

聖人の宗教の出発にして結帰は無間地獄への道を塞ぐことにあるのであって(34)、そのことは決して単なる譬喩ではなく、本質的な命題なのである。そのようなことは全讃文に通ずるが、〔三七〕のK・L・M・Nを見れば凡そ一目瞭然であろう。この四文のうち、その眼目はNにあるのであって、聖人は「一切の病の中には五逆罪と、一闡提と、謗法をこそおもき病とは仏はいたませ給へ。今の日本国の人は一人もなく極大重病あり、所謂大謗法の重病也。」（『妙心尼御前御返事』定遺一一〇三頁）と宣べられている。Kの「失心」とは衆生謗法の状態を指すのであり、Lの「今留在此」とは謗法の衆生に留めおかれた本門法華経の救済であり、Mは謗法の衆生の病重きことを宣べられたものである。それらは既に『観心本尊抄』を中心に明らかにされていることではあるが、『曾谷入道殿許御書』の冒頭には

夫レ以レハ療二治スルニハ重病ヲ一構二索シ良薬ヲ一救二助スルニハ逆謗ヲ一不レ如カ二要法ニハ。（定遺八五九頁）

と宣べられ、また、

大覚世尊以テ二仏眼ヲ一鑒二知シ於末法ヲ一為ニレ令メンカレ対二治セ此逆謗ノ二罪ヲ一留二置キタマフ於一大秘法ヲ一。（定遺九〇〇頁）

と宣べられている。このように「極大重病」「大謗法の重病」「重病」等の表現がひんぱんに見られるのであって、Cの讃文もそこから照射されるものと思われる。前引の『曾谷入道殿許御書』においても、第三章「約師」第三

節「本化の菩薩末法に出現するの由を明す」段において、分別功徳品の「悪世末法ノ時能ク持ツ二是経一者（則為已《これ》ニ如レク上ニノ具ニ足スルナリ諸ノ供養一ヲ、若シ能ク持ニハ此経一ヲ則如シ下仏ノ現世ニ……種種ニ皆厳好ニスルカ上）」[35]につづいて、今のM文、つづいて今のC文を掲げ、

七字之中ニハ上ノ六子ハ且ラク置レ之ヲ。第七ノ病子ハ一闡提ノ人・五逆謗法ノ者・末代悪世日本国ノ一切衆生也。

（定遺九〇三頁）

と宣べられている。

言うまでもなく、『法華取要抄』『曾谷入道殿許御書』は『観心本尊抄』の延長上にあると思われるのであるが、

K（『本尊抄七一六頁』）

L（〃　七一八頁）

M（〃　七一八頁・『取要抄』八一五頁・『曾谷書』九〇三頁）

C（『曾谷書』九〇三頁）

の各讃文は三書の相関関係と密接な関連をもっているものと推察される。

このようにみてくると、B・C・C'の各讃文の趣旨は末法衆生救済を顕らかにした大曼荼羅の意義を一層明示しようとするものであって、決して単なる肉体の病気に対する御護りということではないことが明らかとなるであろう。しかもそうした上で「御護」と書されたゆえんは、絶対救済に即した個人への加護の願いが示されるものであろうか。そしてそのように考えると、B讃文の〔二八〕〔二九〕、C'讃文の〔三八〕〔三九〕〔四〇〕の表現様式は大曼荼羅としてはいささか異質であることに注意せねばならぬであろう。ましてまた、B讃文の〔六六〕とC讃文の〔四七〕とは〔二八〕・〔三八〕等の面を大曼荼羅に結びつけたものと考えた方がよいのではないかと思われる。

ところで、『定遺』系年によれば弘安二年二月二日、聖人は四条金吾の妻に定遺三二七『日眼女釈迦仏供養事』という書簡を送っているが、その冒頭「御守書キてまいらせ候」（定遺一六二三頁）と宣べておられる。〔三八〕〔四八〕の例にならえば「御守」とは広義の大曼荼羅と推察されるが、果して弘安三年二月一日及び二月二日に、四条金吾頼基とその妻日眼女に授与された大曼荼羅〔七一〕〔七二〕があるのである。「俗日頼」（頼基）に授与された〔七一〕は三枚継であり、日眼女授与の〔七二〕は一紙である。日眼女への書簡と大曼荼羅授与とはこれによると丁度一年間の間隔があることとなるが、大曼荼羅を二年にわたって同月に授与されることはまず考えられないし、通例から云って書状の後一年後に大曼荼羅を図顕したことは考えられないから、『日眼女釈迦仏供養事』は、実は弘安三年二月二日の執筆であると考えられる(36)。（それにつれて定遺一六〇『四条金吾殿女房御返事』の系年も文永十二年正月二十七日から建治二年正月二十七日に改められねばならないであろう。そもそも日眼女の正確な生年が不明なのであるから、従来の所伝よりも一年後れていると理解すれば、このくい違いは解決するのである。）〔七二〕は山中氏の分類ではD（Ⅰ）六に属するものであるが、「日眼女授与之、仏滅度後二千二百三十余年之間未曾有大漫荼羅也、弘安三年太歳庚辰二月　日」とのみあってこの他に讃文はない。とすれば、この大曼荼羅を指して「御守」と宣べておられると考えられるのである。『日眼女釈迦仏供養事』によれば、日眼女は三十七歳の厄に会い、今生の祈りのために「教主釈尊一体三寸ノ木像」を造立したのである。即ち、「今の日眼女は三十七のやく（厄）と云云。……今教主釈尊を造立し奉れば、下女が太子をうめるが如し。……法華経云　若人為レ仏故建二立諸形像一、如レ是諸人等皆已ニ成二仏道一云云。文の心は一切の女人釈迦仏を造り奉れば、現在には日々月々の大小の難を払ひ、後生には必ス仏になるべしと申ス文也。……今日眼女は今生の祈リのやうなれども、教主釈尊をつくりまいらせ給ヒ候へば、後生も疑ヒなし。」（定遺一六二三—一六二五頁）等と宣べておられるのであって、釈尊像造立に対して大曼荼羅を授与されたものと察推されるのである(37)。

これによって知られることは、釈尊像造立が現世安穏・後生善処となると聖人が示されていることである。即ち、聖人は三十七の厄という精神的・肉体的悩みに対して、法華経の末法衆生救済の確証をすすめておられるのであって、単なる対症療法的指導はしておられないのである。このことからも、前述のように讃文が本質的な救済を顕示するものであることが納得できよう。それはまた一九一『妙心尼御前御返事』により生ま生ましく論じられている。即ち同書には、

又人の死スル事はやまひにはよらず。当時のゆき・つしま（壱岐・対馬）のものどもは病なけれども、みな〳〵むこ（蒙古）人《びと》に一時にうちころされぬ。病あれば死ヌべしといふ事不定也。又このやまひは仏の御はからひか。そのゆへは浄名経・涅槃経には病ある人仏になるべきよしとかれて候。病によりて道心はをこり候歟。又一切の病の中には五逆罪と、一闡提と、謗法をこそおもき病とは仏はいたませ給へ。今の日本国の人は一人もなく極大重病あり、所謂大謗法の重病也。（定遺一一〇三頁）

と、肉体的病と時代状況の病とが重ね合わされて論じられている。このような例は一八七『高橋入道殿御返事』にも見られるのである。

御所労の大事にならせ給ヒて候なる事あさましく候。但しつるぎはかたきのため、薬は病のため。……而も法華経は閻浮提人病之良薬とこそとかれて候へ。閻浮の内の人ハ病の身なり。法華経の薬あり。三事すでに相応しぬ。一身いかでかたすからざるべき。（定遺一〇九一頁）

このように聖人遺文の指示を見ると、「御護」「御守」は、今日の常識的概念によって理解してはならないことに気付くのであり、時代の病に対する絶対救済が各個の肉体的・精神的救済を包摂していることを知るのである。

第五節　讃文の意義

以上の大曼荼羅授与についてふり返ってみると、〔二八〕は経一丸（日像）、〔三八〕〔四〇〕は亀若・亀姫、〔六六〕は日仰優婆塞に授与され、他は授与書がない。これらはすべて一紙であって、後年、京都へ上洛して弘通につとめた日像ではあるが、ここでは経一丸であったのであり、これらは幼少の者への加護の祈りを含んでの大曼荼羅授与とそれに相似する場合とではなかったかと推察したいのである。

御本尊図集番号	年時	被授与者
五三	弘安一・八・□	日頂上人
五四	〃　一・八・□	（削損の形跡あり）
五九	〃　二・二・□	妙心
六〇	〃　二・二・□	釈子日目
六一	〃　二・四・八	日向法師
六五	〃　二・七・□	沙門日法
六七	〃　二・一〇・□	沙弥日徳

それに対して、D・E・F讃文はすべて三枚継大曼荼羅に讃せられている。しかも右図のように一年二ヶ月の間に日向・日頂・日目・日法等の重要な弟子に与えている大曼荼羅の讃文である。

さて、D・E・Fが日蓮聖人遺文にどのように引用されているかを検べてみると、管見の限りでは左のようになる。

D①法蓮鈔　（定遺九三七頁）建治1・4・□
②四信五品鈔　（〃一二九九頁）建治3・4・10
③日女御前御返事　（〃一五一二頁）弘安1・6・25
④富木殿御返事　（〃一八一八頁）弘安3・11・29（又は弘安2）
E①聖人知三世事　（〃　八四三頁）文永11・□・□
②曾谷入道許御書　（〃　九一〇頁）文永12・3・10
③撰時抄　（〃一〇五八頁）建治1・6・□
④報恩抄　（〃一二一八頁）建治2・7・21
⑤随自意御書　（〃一六一八頁）弘安1・□・□
⑥富木殿御返事　（〃一八一八頁）弘安3・11・29（又は弘安2）
F①上野殿御返事　（〃　八三五頁）文永11・11・11
②法蓮鈔　（〃　九三七頁）建治1・4・□
③松野殿御消息　（〃一一四一頁）建治2・2・17
④富木殿御返事　（〃一八一八頁）弘安3・11・29（又は弘安2）

E・Fも文永十年以前には引用されていないとすれば、これらの讃文はすべて身延入山後に遺文に引用されはじめたこととなる。言うまでもなく、身延入山の文永十一年から建治一・二年にかけては蒙古来寇に伴う弟子・信徒の動揺があり、聖人はその中で『法華取要抄』（文永十一年）、『撰時抄』（建治元年）を著わされた。また建治二年秋、駿河熱原滝泉寺に居住する聖人の弟子達に院主代からの圧迫があり、弘安三年のいわゆる熱原法難に及ぶのであり、建治三年には江馬光時からの四条金吾への圧迫、下山兵庫五郎の因幡房日永に対する圧迫、池上宗仲の勘当などの事件がひきつづき問題となっている。そのような背景の中で、これらの讃文の持つ意味を考えながら、前掲大曼荼羅の意味を考えてみよう。

Dについてみると、②『四信五品鈔』（定遺一二九八—九九頁）では、「問フ汝ノ弟子無二クシテ一分ノ解一但一口ニ称二スル南無妙法蓮華経一ト其位如何」という問いに対して、「国中ノ疫病ハ頭破七分也。以レテ罰ヲ推レスルニ徳ヲ我門人等ハ福過十号無レ疑者也」と、必死の状況における本門法華の信心為本に身を委ねるよう指示している。③『日女御前御返事』（定遺一五一二頁）においても、「聖人は千年に一度出ッる也。仏は無量劫に一度出世し給ふ。彼には値フといへども法華経には値ヒがたし。設ひ法華経に値ヒ奉るとも、末代の凡夫法華経の行者には値ヒがたし。何ぞなれば末代の法華経の行者は、法華経を説カざる華厳・阿含・方等・般若・大日経等の千二百余尊よりも、末代に法華経を説く行者は勝レて候なるを、妙楽大師釈シテ云ク」とD讃文が挙げられているのであって、困難な状況の中での末代の法華経の行者＝日蓮聖人の唱導の意義が強調されているのである。③『富木殿御返事』（定遺一八一八頁）においても、「経ニ云ク法華最第一ナリト。又云有三能受二持是経典一者亦復如レ是。於二一切衆生中一亦為第一。」（法華経法師品）と、法華経受持の超勝を簡潔に経論によって確認しているのであり、なお、同書にはE・F讃文も引用されているのであって、この三の讃文において身延入山後の信行の指針を最も端的に受領されていたことが窺えるのではなかろうか。

E①の富木氏賜書『聖人知三世事』（定遺八四二—三頁）には「後五百歳ニハ以二テ誰人一ヲ法華経ノ行者トレキヤ可知レル之。予ハ未レ信二我智慧一。雖レ然自他ノ返逆侵逼 以レ之 信二我智一。敢テ非レ為二他人一ノ。又我弟子等存二知セヨ之一。日蓮ハ是法華経ノ行者也。紹二継スル不軽ノ跡一ヲ故ニ。軽毀スル人ハ頭破《わ》レ二七分一ニ信スル者ハ福ヲ積二マン安明一ニ。」と、D④と同様、現実の危機、その中で師弟ともに受難する状況こそが、法華経の救済の実証であることをこのE①において確信し指示しているのである。『撰時抄』の「されば我弟子等心みに法華経のごとく身命もおしまず修行して、此度仏法を心みよ」（定遺一〇五九頁）はこの事実の確信と救済の意志にもとづくものであり、D①F②も「今末代の法華経の行者（日蓮聖人）の確信・確証を徹底しようとするものであり、F③『松野殿御消息』（定遺一一四一頁）においては、「経文には……釈迦仏の御魂の入ₗかはれる人は此の経を信ずと見へて候へば、水に月の影の入ₗぬれば水の清《すむ》がごとく、御心の水に教主釈尊の月の影の入ₗ給ふ歟とたのもしく覚え候。」と述べ、「末代の浅智なる法華経の行者の」到達した地点のただならぬことを宣べておられるのである。

いささか煩瑣に過ぎ、また遺文中の他の引用経論との比較に欠けるのであり、また改めて検討を要するのではあるが、身延入山後の引用経釈は上行菩薩としての確証に基づく信仰の内実化という点で、佐渡流罪以前と異なり、また微妙な点で佐渡在島中とも異なるもののようである。

そのような意味で、六老僧のうちの日向・日頂、及び日法・日目に宛てていることに、困難な状況下の中で確信を貫いて行く確証を示されたものと考えてよいであろう。

『新尼御前御返事』によって知られるように、聖人は退転した大尼に大曼荼羅授与を拒否しておられるが(38)、それによっても知ることのできるように、大曼荼羅授与は信仰の確証という意味で非常に重要なことであったに違いない。つまり、大曼荼羅は信仰のあかしとして授与されるのであって、しかも折にふれ、堂宇の状況に添って授与されたと考えてよいであろうか。それはまた、讃文についても同様なことが言えないであろうか。しかしながら、弘安二年十一月日、下山に居住する因幡房日永（二年前に下山兵庫七郎の圧迫を受ける）に大曼荼羅（御本尊図集〔六九〕）が授与されたが讃文はない。弘安三年二月一日、四条金吾への大曼荼羅にも讃文はない（建治三年六月、江馬氏の誤解を受けたが、その後関係は好転した）。池上氏宛授与書のある真筆大曼荼羅には讃文は伝えられないようである。このように、問題をもった人々にこのような讃文を付して与えるということではなかったのかと思われる。むしろ、それぞれの地域で重要な役割を果した堂宇に奉安する大曼荼羅にそれら讃文を付したと理解する方が、妥当かと思う。そしてまた、その讃文が付されなくとも、多くの人々に回覧され伝達指示されたであろう『富木殿御書』に示されるように、D・E・F讃文の意味するところが、他の大曼荼羅授与のときにも語られたことであろう。

第六節　聖人滅後教団への本尊継承

この他、大幅六枚継の〔一一〕は文永十一年六月□日、天目に授与されたもの（山中氏の分類ではBⅡの九）で整足されているが、讃文は、Gが『守護国家論』より一貫して引用され、H・I・Jともに『開目抄』以来引用されており、Bも『八宗違目抄』に引用されるもので、前出のD・E・Fが身延入山後の遺文に見られるのと対照的である。

〔三七〕（八枚継）については、C・K・L・M・Nのうち、Nを除いてはすべて『観心本尊抄』『法華取要抄』『曾谷入道殿許御書』の流れの中で引証されているのであり、拡大すればNの意は『曾谷入道殿御書』にも通ずるのである。

聖人図顕の大曼荼羅の様式は、ある一定の基本を持ちつつ変化を示していることは先学が既に詳述されたところである(39)。

この章では、大曼荼羅の大きさが諸人集会の法華堂の特殊性・大きさ等と関連しているのではないかという全く素朴な疑問から、主として在家の檀越個人に授与されたもの（一紙・二枚継）、出家及び在家によって形成される一定の細胞的集団を背景としていたかと思われるもの（三枚継）、かなりの拠点となったであろう堂宇に奉安されたであろうもの（四枚以上二十八枚まで）というような凡その傾向を措定した。そして、同一人物に再度授与された例として日昭について検討した。次いで讃文について検討したところ、讃文は僅か十四文（法華経文八・涅槃経文二・妙楽釈＝玄義釈籤・文句記・止観弘決＝三・伝教釈一）の組合せであり、しかもそれぞれの段階での讃文記載の意味及び授与者の関係があるかと思われるので、それについて若干の考察を加えた。

こうしてみると、大曼荼羅は形状の大小を問わず年代等による一定の様式の微妙な変化の原則が認められる一方、教団との関わりの中で考察すべき点があるのではなかろうかと思われるのである。これら大曼荼羅は白蓮日興の『本尊弟子分与帳』に見られるように関係者（弟子・檀越等）へ譲与されて行く。そして一方では堂宇の形状が変化し、教団組織が変化して行く中で、具体的形状をもつ大曼荼羅の意味が変化してくるのではなかろうか。諸門流に伝えられる本尊相伝は、実は、こうした教団展開に伴う本尊奉安の変化の後に形成されたものではないだろうか。とすれば、余りに抽象化された本尊解釈を、より可視的なもの、信仰確証のイメージを追求しながらする本尊解釈へと転換しなければならないであろう。

註

（1）祖山学院刊（明治四十二年）

（2）昭和45年身延山久遠寺発行（藤井教雄編集）

（3）山中喜八編、千葉市・立正安国会、昭和二十七年初版発行。昭和四十九年訂補再版発行。小稿は同書に負うところが多い。

（4）宗全二巻一一五頁（なお、持妙尼は日興のをばに当る）。

（5）『四条金吾殿御返事』定遺一九〇六頁、「各々あつまらせ給（ヒ）て八日をくやう申させ給（フ）のみならず」

(6)『富木殿御返事』定遺六一九頁

(7)宗全一巻一八三頁

(8)〃　一巻四〇六頁

(9)〃　二巻一一二頁以下

(10)立正安国会編『御本尊集目録』四二頁註

(11)立正大学日蓮教学研究所編『日蓮教団全史』上　八頁

(12)定遺五六七頁

(13)〃　二一六―七頁（原漢文）

(14)『弥三郎殿御返事』（は本満寺写本であるが）には、「況や日本国の諸宗は一人もなく、釈迦如来の御弟子として頭をそり衣《ころも》を著たり。阿弥陀仏の弟子にはあらぬぞかし。然るに釈迦堂・法華堂・画像・木像・法華経一部も持ち候はぬ僧兵共が、三徳全ク備はリ給へる釈迦仏をば閣キて、一徳もなき阿弥陀仏を国こぞりて郷・村・家ごとに人の数よりも多く立テならべ、……」（定遺一三六七頁）と、釈迦堂・法華堂の伝統が破壊されていることを批判している。

(15)『富木入道殿御返事』定遺一八八八頁

(16)高木豊『日蓮とその門弟』第一章「日蓮の宗教の社会的基盤」。なお、法華堂について同書に負うところ多い。

(17)定遺一八〇二頁

(18)『弁殿尼御前御書』定遺七五二頁

（19）同書三九丁
（20）同書下巻二十丁
（21）『御本尊集目録』第三七図の註（五六頁）
（22）同右八一―二頁
（23）定遺一八〇二頁
（24）山中喜八解説「日蓮聖人曼荼羅図集」（『大崎学報』一〇二号一〇八頁。）なお、後、「二千二百二十餘年」となり、再び「三十餘年」になり、また「一閻浮提未有」が、「一閻浮提未曾有」となることが説かれている。
（25）訓点は讃文には加えられていない。
（26）遠沾院日亨『御本尊鑑』六頁
（27）この意味で、『報恩抄』の「無間地獄の道を塞ぎぬ」（定遺一二四八頁）との表白は、日蓮聖人の自負と確証とを痛切に示そうとするものであろう。
（28）望月歓厚『日蓮聖人御遺文講義』第三巻（『観心本尊鈔』）第三段「所弘の時の未曾有と能弘の師の始弘なるを明す」に該当。
（29）山中喜八『日蓮聖人曼荼羅図集』（大崎学報一〇二号二頁）、山中氏は文永九年頃の図顕かとしている。
（30）『日蓮聖人御遺文講義』第三巻（『観心本尊鈔』）二三五―六頁
（31）大崎学報一〇二号二頁
（32）同　同　一頁
（33）第四章参照

（34）『報恩抄』定遺一二四八頁

（35）『講本法華経』６二五―二九六頁

（36）鈴木一成（『昭和定本日蓮聖人遺文』編纂主任）著『日蓮聖人遺文の文献学的研究』第二章「遺文の系年について」は、同書にふれていない。同書は身延曾存で、明治八年その真蹟は焼失している。平賀本には弘安二年の年号はなく、身延の『乾師目録』（定遺二七五二頁）にも年号はない。従って『録内御書』刊本又は霊艮閣版『日蓮聖人御遺文』を踏襲するものかと思われるので、年時の異同があっても差支えないように思われる。

（37）第四章第一節参照

（38）定遺八六六頁、「但大尼御前の御本尊の御事おほせつかはされておもひわづらひて候」云云。

（39）前掲山中氏解説。

第二章　日蓮聖人の釈尊観

第一章で述べたように、日蓮聖人は大曼荼羅本尊を図顕し、門下の弟子・檀越に授与された。その一方では、『開目抄』をはじめとする諸遺文、ならびに『一代五時図』『一代五時鶏図』(1)等に、教説の深化とそれを説く仏格の開顕との照応を示されている。そこに、法華経本門において釈尊の久遠実成が明らかにされなければならない必然性の認識が重要な課題となるのである。

つまり、日蓮聖人の仏教観、乃至より直接的に言えば本尊観へ参究するためには、日蓮聖人の釈尊観を検討することが不可欠であるように思われる。日蓮宗において本尊論はややもすれば形態論が主軸となって論議されて来たように思われるが、その根幹にある釈尊への帰敬、法華経への帰命の場面において、聖人がどのような深い傾倒を示していったのかという救済論的追究をしていかない限り、聖人の内奥へ参入することはできないのではあるまいか。そのように考えると、聖人の釈尊への帰敬は聖人自身の宗教体験において全く一体的に捉えられているのではないかと思われる。そのような関心から二・三の点について考察したい。

第一節　仏伝に関する叙述

まず日蓮聖人がその遺文において釈尊の伝記についてどのように触れているか一瞥を加えてみよう。

日蓮聖人は釈尊一代の化導を五時に分ってその教説の化儀と化法とを検討し、そこから仏教の要諦を帰結するのであって、その点で天台大師智顗の仏教観を継承するとともに更にそれを深めている。そして、一代五時の各経典を依経とする諸宗の成立とその教理的意義づけを行なうとともに、それら仏教史の展開を聖人はしばしば回顧整理して、仏滅後末法の初の時代に遺された教説こそ法華経であることを詮顕する。(2)そのように釈尊の教説を整理し意義づけ、或は三国仏教流伝史を整理して現実に結びつける歴史観を明確に持ちながら、日蓮聖人は釈尊伝については事細かにはふれていない。

八相示現に約して述べるならば、(1)降兜率、(2)入胎については何等ふれていない。(3)出胎については、『月満御書』(定遺四八六頁)(3)『開目抄』(五九三頁)『顕仏未来記』(七四二頁)『法華取要抄』(八一三頁)『四条金吾許御文』(一八二四頁)『四条金吾殿御返事』(一二五七頁)『智妙房御返事』(一八二六頁)等にふれているにすぎない。即ち、『月満御書』には、

> 今日ノ仏生れさせましまます時に三十二の不思議あり。此事、周書異記と云ッ文にしるし置けり。釈迦仏は誕生し給ヒて七歩し、口を自ラ開いて天上天下唯我独尊三界皆苦我当度之の十六字を唱へ給ふ。(四八六頁)

と、誕生の際の七歩と天上天下唯我独尊とを述べているが、『開目抄』・『顕仏未来記』には聖人出現、入滅の際に不思議があることは強調されても通途の仏伝において詳述される入胎・誕生時の事蹟にはほとんどふれられない。(4)

周の第四昭王の御宇二十四年甲寅四月八日の夜中に、天《そら》に五色の光気南北に亘て昼のごとし。大地六種に震動し、雨ふらずして江河井池の水まさり、一切の草木に花さき菓《このみ》なりたりけり。不思議なりし事なり。昭王大に驚キ、大史蘇由占テ云ク、西方に聖人生レたり。『開目抄』(五九三頁)

所謂仏生之時　転法輪之時　入涅槃之時　吉瑞凶瑞共ニ絶タル二前後ニ一大瑞也。仏ハ此レ聖人之本也。見ルニ二経々ノ文ヲ一仏ノ御誕生ノ時ハ五色ノ光気遍クシテ二四方ニ一夜如レ昼ノ。仏御入滅ノ時ニハ十二ノ白虹亘リ二南北ニ一大日輪無クシテレ光如クナリシ二闇夜ノ一。其後正像二千年之間内外ノ聖人有レトモ二生滅一不レ如二此大瑞ニハ一……『顕仏未来記』(七四二頁)

『開目抄』は、三類の敵人の出現によって法華経の行者出現が法華経の未来記を証するものであるとの文脈の中で仏生時の大瑞を述べるのであり、『顕仏未来記』においても、仏法が必ず東土の日本より出づる前相として正像に超過した天変地夭の出現があるはずであるとし、仏生時、仏滅時の大瑞にふれているのである。『智妙房御返事』には八幡大菩薩の生誕・寂滅が釈尊と同日であるから「釈迦仏の化身と申事はたれの人かあらそいをなすべき」と述べている。出胎については、このように大瑞のあったことを挙げていることと、八幡大菩薩が釈尊の化身であるとの表現がみられるのである。そして、釈尊生誕の日を他仏に替えることの批難については(8)入滅のところで併せて述べることとする。

(4)出家及び(6)成道については、『一代五時図』『一代五時鶏図』[5]の各図の最初に「大論ニ云ク十九出家三十成道」とあるが、『開目抄』『千日尼御前御返事』等にも同様の趣旨が述べられているに過ぎない。(5)降魔については管見の及ぶ限り特に述べられていないようである。(7)の転法輪については前述の『一代五時図』によって知るように、釈尊一代を五時に分判し法華経をもって真実の円が説き明かされた随自意の教であることを詮顕する。

一代五時判については別述を要するが、(4)出家(6)成道も結局は転法輪の正意を説き顕すためにふれたもののようである。日蓮聖人遺文においては、釈尊出家時の悩み、四門出遊の故事、降魔の際の心理的内面的葛藤、少女の牛乳捧呈等を文学的に叙述するということは全くなされていない。むしろそれらは当然知悉のこととしてほとんど何等の説明抜きで述べているにすぎない。そうした態度は例えば、『開目抄』等の説述に端的に観取することができるであろう。

教主釈尊は住劫第九の減　人寿百歳の時、師子頬王には孫、浄飯王には嫡子、童子悉多太子一切義成就菩薩これなり。御年十九の御出家、三十成道の世尊、始メ寂滅道場にして実報華王の儀式を示現して、十玄六相・法界円頓・頓極微妙の大法を説給ヒ、十方の諸仏も顕現し、一切の菩薩も雲集せり。土といひ、機といひ、諸仏といひ、始といひ、何事につけてか大法を秘シ給フべき。……一部六十巻は一字一点もなく円満経なり。……華厳経は一字も万字も但同事なるべし。心仏及衆生の文は華厳宗の肝心なるのみならず、法相・三論・真言・天台の肝要とこそ申シ候へ。此等程いみじき御経に何事をか隠スべき。なれども二乗闡提不成仏ととかれしは珠のきずとみゆる上、三処まで始成正覚となのらせ給て久遠実成ノ寿量品を説キかくさせ給き。……阿含・方等・般若・大日経等は仏説なればいみじき事なれども、華厳経にたいすればいうにかいなし。……（『開目抄』五五〇―一頁）

夫レ法華経と申シ候御経は誰れ仏の説給て候ぞとをもひ候へば、此の日本国より西、漢土より又西、流沙・葱嶺と申スよりは又はるか西、月氏と申ス国に浄飯王と申シける大王の太子、十九の年位をすべらせ給ヒて檀とく山と申ス山に入リ御出家、三十にして仏とならせ給ヒ、身は金色と変じ神《たましひ》は三世をかがみさせ給フ。すぎにし事、来ルべき事、かがみにかけさせ給ヒてをはせし仏の、五十余年が間一代一切ノ経々を説キをかせ給フ。（『千日尼御前御返事』一五三八頁）

このように十九出家、三十成道は一代五時の説述の前提として受けとられ、直ちに華厳経の説法を始点とする一代五時教説の説示へと進んで行くのである。このように一代五時説示をもって本門法華経を詮顕することが日蓮聖人の最大の関心事であって、それによってのみ末法衆生救済の釈尊の随自意の教説を開顕することができるとしたのである。それは『神国王御書』に「設ヒ一経を読誦すとも始メ寂滅道場より終リ雙林最後にいたるまで次第と浅深とに迷惑せば、其人は我が身も五逆を作らずして無間地獄に入リ、此を帰依せん檀那も阿鼻大城に堕ッべし」（八八六―七頁）と述べるように、釈尊の教説の勝劣・浅深を明らかにしなければ、釈尊の随自意を詮顕することができないのであり、釈尊の随自意を知らず教説の勝劣と浅深を知らずに仏教を信じても、それは却って仏説の誹謗になる恐れなしとしないからである。[6]釈尊の随自意を詮顕し、それによって末代幼稚の者への救済[7]の太綱を明らかにすること、それが正法を護惜建立することであり、例え仏教を信じても、釈尊の随自意への道を無意識にせよ塞ぐ者は誹謗正法の大罪を犯すこととなるのである。[8]そのような観点からどうしても一代五時の教説・三国仏教の弘通の歴史を顧みなければならなかったのである。

(8)入滅については、『祈禱鈔』（六七八頁）『顕仏未来記』（七四二頁）『法華取要抄』（八一三頁）『聖人知三世事』（八四二頁）『法蓮鈔』（九四二頁）『四条金吾許御文』（一八二四頁）『智妙房御返事』（一八二六頁）『諫暁八幡抄』（一八四八頁）等にふれられている。これらは仏生と併せて述べられているものが多い。その説述の第一の主題は、仏誕生のところで述べたように、仏陀の生誕・涅槃の時に大瑞の現われることを述べ、それと同様、末法の初に智人・賢人が現ずるときにも大瑞が起きることを述べていることである。

第二には釈尊涅槃時にも法華経弘通の誓いを讃め嘆えたということが述べられている。『法蓮鈔』には「仏の御歳八十の正月一日、法華経を説キおはらせ給ヒて御物語あり。阿難・弥勒・迦葉、我レ世に出テし事は法華経を説ンカためなり。我既に本懐をとげぬ。今は世にありて詮なし。今三月ありて二月十五日に涅槃すべし云云。一切内外の人人疑をなせしかども、仏語むなしからざれば、ついに二月十五日に御涅槃ありき。されば仏の金言は実なりけるかと少し信心はとられて候」（九四二頁）と、釈尊が法華経を説き已られて三箇月後入涅槃すると予告された旨が述べられている。『祈禱鈔』にも「(諸仏・諸菩薩がそれぞれ本国へ) 却後《きゃくご》三月当般涅槃と唱させ給し事こそ心ぼそく耳をどろかしかりしかば、二乗人天等ことごとく法華経を聴聞して仏の恩徳心肝にそみて、身命をも法華経の御ために投《なげ》て、仏に見せまいらせんと思シに、仏の仰セの如く若シ涅槃せさせ給はばいかにあさましからんと胸さはぎしてありし程に」(六七七―八頁) と仏陀の予言に二乗・人天等が驚いたありさまが述べられ、今の文に続いて涅槃のありさまが次のように述べられる。

仏の御年満八十と申せし二月十五日の寅卯の時、東天竺舎衛国倶尸那城跋提河の辺にして仏御入滅なるべき由の御音《こゑ》、上は有頂、横には三千大千界までひびきたりしこそ目もくれ心もきえはてぬれ。五天竺・十六の大国・五百の中国・十千の国土・無量の粟散国等の衆生、一人も衣食を調へず、上下をきらはず、牛馬狼狗鵰鷲蝨蝱等の五十二類の一類の数大地微塵をもつくしぬべし。況ャ五十二類をや。此類皆華香衣食をそなへて最後の供養とあてがひき。一切衆生の宝の橋をれなんとす。一切衆生の眼ぬけなんとす。一切衆生の父母主君師匠死なんとす。なんど申すこえひびきしかば、身の毛のいよ立ッのみならず涙を流す。なんだをながすのみならず、頭をたたき胸をさへ音《こゑ》も惜まず叫びしかば、血の涙血のあせ倶尸那城に大雨よりもしげくふり、大河よりも多く流れたりき。是偏に法華経にして仏になりしかば、仏の恩の報じがたき故なり。
(六七八頁)

そして、この歎きの中で座に連なった人々は法華経を顕彰することを誓い、それを聞かれた釈尊は臥《ふしど》より起きて善哉善哉と人々の誓いを善び、それを見た大菩薩等は仏の御心を推察して法華経守護の誓願を新たにしたと述べられている。祈禱鈔の文脈においては、それ故に諸菩薩・天人等はその仏前の誓いを果たすため法華経の行者を守護する責任のあることを述べるのである。

第三には、釈尊生誕の日と併せて入滅の日を他仏に奪いとることの批難である。例えば『法華取要抄』には次のように述べている。

二月十五日ハ釈尊御入滅ノ日乃至十二月十五日モ三界慈父ノ御忌也。誑サレテ善導・法然・永観等ノ提婆達多ニ定メ阿弥陀仏ノ日ト了ンヌ。四日八日ハ世尊御誕生ノ日也。取リ薬師仏ニ了ンヌ。我慈父ノ忌日ヲ替ルハ他仏ニ孝養ノ者ナル歟如何。寿量品ニ云ク我亦為世父為治狂子故等云云。天台大師ノ云ク本従テ此土ノ仏ニ初テ発道心ヲ。亦従テ此仏ニ住ス不退ノ地ニ、乃至猶如ク百川ノ応ベ須カ潮ス海ニ縁ニ牽テ応生スルコトモ亦復如是等云云。（八一三頁）

これは仏教者の仏陀観がさまざまに分れていることを批難するものであって、或は釈尊を下して大日如来を仰崇したり、或は釈尊は末法愚機には無縁であり阿弥陀仏こそ有縁であるとし、或は小乗の釈尊を、或は華厳経の釈尊を中心とし、或は法華経迹門の釈尊を中心に置く等している。日蓮聖人は「教主釈尊ハ既ニ五百塵点劫ヨリ已来妙覚果満ノ仏ナリ。大日如来・阿弥陀如来・薬師如来等ノ尽十方ノ諸仏ハ我等カ本師教主釈尊ノ所従等也。天月ノ万水ニ浮フ是也」（八一二頁）と法華経本門において開顕された久遠実成の釈尊こそ主師親三徳具備の本仏であるとする。そのようにみるならば、今否定した諸仏や法華経本門以前の釈尊の教説は一定の意義をもつにすぎないものであるとするのであり、まさにそれを明らかにすることが『一代五時図』の意図でもあったのである。[9]このように、久遠釈尊の一貫した救済（一大事因縁）の顕現は、釈尊の御生誕・入涅槃という現実の重視から出発するものである以上、それを阿弥陀・薬師等の日に換骨脱胎してしまうことは大いなる罪として指弾されなければならないのである。

同様の趣旨は諸書に語られているが、弘安期の数書にはこれが八幡大菩薩の顕影と関わって述べられている。『四条金吾許御文』（弘安三年十二月十六日）には釈尊の御生誕・入涅槃を述べ、つづいて

今の八幡大菩薩も又如是。月氏と日本と父母はかわれども、四月八日と甲寅と二月十五日と壬申とはかわる事なし。仏滅度の後二千二百二十余年が間、月氏・漢土・日本・一閻浮提の内に聖人賢人と生るる人をば、

皆釈迦如来の化身とこそ申せども、かゝる不思議は未二タ見聞一セ。かゝる不思議の侯上、八幡大菩薩の御誓は、月氏にては法華経を説て正直捨方便となのらせ給ヒ、日本国にしては正直の頂《いただき》にやどらんと誓ヒ給ふ。

（一八二三頁）

と八幡大菩薩が釈尊の垂迹として正直の法を守護せられる旨を述べている。これは八幡宮・若宮が焼失したことについて述べているのであって、同様の文は『智妙房御返事』（弘安三年十二月十八日）にもあり、ここでは八幡を阿弥陀仏の化身という者があるが、そうではなくて釈迦仏の化身であると述べ（一八二六頁）、又、『諫暁八幡抄』（弘安三年十二月）にも同様の意が述べられている。

以上、八相示現に約して日蓮聖人遺文中仏伝に関する叙述を抄見して見たが、(1)日蓮聖人が釈尊を尊崇し、史上の釈尊をも重視しているにもかかわらず、釈尊の八相示現に関する伝記についてはほとんど際立った叙述をしていない。そしてむしろそれらは既に知悉のこととして扱っているように見える。(2)出家・成道・転法論については『一代五時図』にも明記するところであるが、それらは釈尊一代の教化の結実として法華経が説述されたことに結帰するのであり、仏格についても同様のことが言えよう。(3)そして出胎・入滅に関しても仏伝文学的な観点はほとんどなく、仏教が釈尊の教として捉えられるとき、その聖日が久遠釈尊の聖日として尊重されなければならないことを明らかにしているといえよう。

これらの他に日蓮聖人が重視しているのは、釈尊に加えられた九横の大難であり、それに関連して提婆達多等の仏説妨害に関する一連の叙述である。提婆達多については仏教々理史上大きな問題となるところであるが、『開目抄』には「世尊、提婆達多を汝愚人ナリ人の唾を食フと罵詈せさせ給しかば、毒箭の胸に入ルがごとくをもひて、うらみて云ク、瞿曇は仏陀にはあらず。我は斛飯王《こくぼんおう》の嫡子、阿難尊者が兄、瞿曇が一類なり。いかにあしき事ありとも内内教訓すべし。此等程の人天大会に、此程の大禍を現に向て申すもの大人仏陀の中にあるべしや。されば先先は妻のかたき、今は一座のかたき。今日よりは生々世々に大怨敵となるべしと誓ヒしぞかし」。（五六四頁）との叙述が見られる。提婆の虚誑罪、三逆（破和合僧・出仏身血・殺阿羅漢）、或は大石を落して釈尊をなきものにしようとしたことの大罪が破法罪、破仏罪としてしばしば述べられているが、(10)『開目抄』の文は提婆達多が阿闍世王を誘惑するために、神通力によって小児の貌となり、王の懐に抱かれてその口から唾をしゃぶらせられたので、釈尊がそのような手段によって王をして悪道に陥しめようとしたことを示している。こうした釈尊の教団への反逆によって釈尊すらさまざまな難を受けられるばかりか、外道婆羅門の出身である諸大声聞等も難儀を受けたとして九横の大難が挙げられている。

〔大智度論第九〕	〔開目抄〕（五六四頁）	〔法華行者値難事〕（七九七頁）
孫陀梨謗	—	孫陀梨の謗
—	婆羅門城のこんづ（漿）	金鏘
一夏馬麦	阿耆多王の馬麦	馬麦
樓璃殺釈	無量の釈子は波瑠璃王に殺され	瑠璃殺レ釈
乞食空鉢	—	乞食空鉢
旃遮女謗	せんしゃ（旃遮）婆羅門女が鉢を腹にふせし	旃遮女の謗
提婆推山	提婆が大石をとばせし	調達推レ山
冷風背痛	—	寒風索レ衣
—	阿闍世王の酔象を放し	—
迸木刺脚		
六年苦行		

千万の眷属は酔象に殺され
華色比丘尼は提婆にがいせられ
迦盧提尊者は馬糞にうづまれ
目犍尊者は竹杖にがいせらる

具体的には『開目抄』『法華行者値難事』において右のようにその名称が挙げられているが、それについて解説等は全くない。また九横の難とは日蓮聖人がこれらを総括して表現したものであって、天台三大部等には一々の事実は列挙せられるがそのような呼称はなく、また『大智度論』『興起行経』等においても件名の異同があるようである。(11)ただ九横の難が佐渡在島期（文永九年・十一年）の両書において強調されていること、身延入山後（建治二年著）の『報恩抄』においても聖人の法難史を回顧する前段に三国仏教流伝史を説述する中で述べられていることに注目されるのである。

これについては後に触れるが、要するに如来の在世すら猶怨嫉の多きことを述べて、滅後における弘経の困難を克復する意図の上にこれらが述べられている点に、日蓮聖人の独得の釈尊観との深い結びつきがあるのである。

第二節　教主釈尊と三徳具備

このように、釈尊が尊重されながら、八相示現に収約されるような釈尊伝について述べられていないのは、末法凡夫たるわれらが釈尊の菩提樹下におけるお覚りや涅槃の光景やその他のエピソードに学ぶよりも、より直接的に釈尊・法華経の救済に結ばれることこそ重要であると日蓮聖人が考えられたためであろう。

日蓮聖人は釈尊を釈迦・釈迦仏・釈迦牟尼仏・釈迦如来等と呼称しているが、その間に特別の意義づけをしてはいないようである。しかし最も日蓮聖人の釈尊観を適切に顕しているのは教主釈尊という表現のように思われる。即ち、『開目抄』においては外道・儒道に対して「三には大覚世尊。此レ一切衆生の大導師・大眼目・大橋梁・大船師・大福田等なり」（五三八頁）と仏教の教主釈尊を挙げ、「但シ仏教に入て五十余年の経々八万法蔵を勘へたるに……但法華経計《ばかり》教主釈尊の正言也」（五三九頁）と述べて法華経の義（殊に一念三千の法門の有無）へと叙述を進めて行く。『観心本尊抄』においても『摩訶止観』第五の文を挙げて一念三千法門を詮顕して行くが、天台の難信難解に二ありとして教門の難信難解・観門の難信難解を挙げて、「教主釈尊ハ始成正覚ナリ。来二至シテ法華経迹本二門ニ一壊ル二彼ノ二説ヲ一。一仏二言水火也。難人カ信センレ之ヲ。此ハ教門ノ難信難解也。観門ノ難信難解トハ百界千如・一念三千ニシテ非情之上ノ色心ノ二法ノ十如是也」（七〇三頁）と教主釈尊の法門をとりあげて行く中でその教説の浅深と難信難解の関係を深めて行く。そして「夫在世ノ正機ハ過去ノ宿習厚キ之上　教主釈尊・多宝仏・十方分身諸仏・地涌千界・文殊・弥勒等扶ケテレ之ヲ令ルニ二諫暁セ一猶不レ信者有レ之」（七〇五頁）と教主釈尊の教法の難信難解を説きながらその教法に引導させようとし、「問テ曰ク教主釈尊ハ（自レ之此堅固秘レ之）三惑已断仏也。……以二果位一論スレバレ之ワ教主釈尊ハ始成正覚ノ仏……以二本門一疑ハバレ之教主釈尊ハ五百塵点已前ノ仏也……」（七〇七頁）と次弟に教主釈尊の仏格とその具現の深法を詮顕して行くのである。この『開目抄』『本尊抄』両主著の問答の進め方を見て行けば教主釈尊への問いかけの重さを見ることができるであろう。

そしてその教主釈尊が末代幼稚の者をみそなわしていて下さるという深い実感は『観心本尊抄』の末に「不ルレ識ラ二一念三千ヲ一者ニハ仏起シ二大慈悲ヲ一五字ノ内ニ裹ミ二此珠ヲ一令レ懸シメタマフサ二末代幼稚ノ頸ニ一。……」（七二〇頁）と、教主釈尊が末代幼稚の頸に法華経肝要の五字七字を懸けさしめられているという教示や、『法華取要抄』の「今我等向レテ天ニ見レハ之ヲ生身ノ妙覚ノ仏カ居二シテ本位一ニ利二益スル衆生一ヲ是也」（八一四頁）という実感の表現として示されているのである。また具体的な礼拝の場における本尊の表現においても、富木入道が教主釈尊の御宝前に母の遺骨を安置してその菩提を祈ったこと（『忘持経事』一一五一頁）や南条氏の供養が教主釈尊の御前における亡父の聖霊の追善となること（一一三八頁）の教示等、枚挙の遑がないほどの例が見られる。

今ここではこのような場面について深く触れようと思わないが、こうした教主釈尊の仏格がどのような観点から包括的に捉えられているのか、日蓮聖人遺文に問うてみたい。

釈尊は此土有縁の仏陀であり、主師親三徳を具備していること、娑婆国土の主であることが日蓮聖人の教主釈尊観の中枢をなすと思われるが、まず第一にこれらの前提に釈尊と末代幼稚の者への一大事因縁ということが挙げられよう。一大事因縁とは法華経方便品において釈尊が娑婆国土の衆生救済の誓願を立てられ、大いなる因縁をもって衆生を引導することをいう。遺文中、それは諸所に伏線として示されているにもかかわらず、詳細には述べられていない。しかし、『開目抄』には二乗作仏・久遠実成について述べる中で、

仏世尊は実語の人ナリ。故に聖人・大人と号ス。……此等の人々に勝レて第一なる故に世尊をば大人とは申すぞかし。此大人、唯以一大事因縁故出現於世となのらせ給て、未顕真実、世尊法久後要当説真実、正直捨方便等云云。（五四三頁）

と述べるが、法華経の諸経超勝、三乗をして一仏乗に帰せしめる法門なること、釈尊の教説を多宝如来が証明し、十方分身諸仏が舌相を出して讃歎することは、すべてこれ釈尊が一切衆生、とりわけ娑婆国土衆生救済のための一大事因縁の化導を進めて来られたことから発していることが示されている。また『観心本尊抄』においても

問曰十界互具ノ仏語分明ナリ。雖レ然我等カ劣心ニ具二スルコト仏法界一ヲ難レ取レ信ヲ者也。今時不レハ信レ之ヲ必成二ラン一闡提一ト。願クハ起二シテ大慈悲一ヲ令レメ信レセ之ヲ救二護シタマヘ阿鼻ノ苦一ヲ。

答曰汝既ニ見ニ聞シテ唯一大事因縁ノ経文ヲ不レハ信レセ之ヲ自リ釈尊已下四依ノ菩薩竝ニ末代理即ノ我等如何カ救二護センカ汝カ不信一ヲ乎。……（七〇六頁）

と、凡夫の劣心には仏法界を具することができないのではないかとの疑問に対して、まず第一に一大事因縁に結ばれているとの経文を信ぜよと示されるのである。

『寺泊御書』において三世諸仏説法の儀式として法華経が説かれていることが明され（五一五頁）、法華経の永遠性悠久性が示されて、そこに法華経の行者の位置づけが久遠の歴史に位置づけられているにもかかわらず、三世諸仏説法の儀式なる経説が詳細に説き明されないように、一大事因縁ということも事細かに説明はされないが、しかし重要な前提としていることが伺える。一大事因縁とは具体的に言えば三千塵点劫・五百塵点劫の釈尊の因位・果位以来の娑婆国土衆生の引導のすべてを内包する概念であろう。

さて、釈尊の化導の永遠性に加えて、釈尊の主師親三徳具備が述べられている。『開目抄』には「夫一切衆生の尊敬すべき者三ッあり。所謂主・師・親これなり」（五三五頁）とあり、『南条兵衛七郎殿御書』には、

法華経の第二ニ云ク今此三界ハ皆是我有ナリ。其中ノ衆生ハ悉ク是吾子ナリ。而モ今此ノ処ハ多シ二諸患難一。唯我一人ノミ能ク為ス二救護一ヲ。雖二復教詔一スト而不二信受一セ等云云。此文の心は釈迦如来は我等衆生には親也、師也、主也。我等衆生のためには阿弥陀仏・薬師仏等は主にてはましませども、親と師とにはましまさず。ひとり三徳をかねて恩ふかき仏は釈迦一仏にかぎりたてまつる。親も親にこそよれ、釈尊ほどの親。師も師にこそよれ、主も主にこそよれ、釈尊ほどの師主はありがたくこそはべれ。この親と師と主との仰をそむかんもの、天神地祇にすてられたてまつらざらんや。不孝第一の者也。故に雖復教詔而不信受等と説れたり。（三二〇－三二一頁）

と述べられている。(12) 同様の文意は『法門可被申様之事』（四四三－四四五頁）、『下山御消息』（一三四〇

頁）『頼基陳状』（一三五七頁）、『弥三郎殿御返事』（一三六六頁）等に見える。『法門可被申様之事』においては法華経譬喩品の「今此三界（皆是我有、其中衆生悉是吾子、而今此処多諸患難、唯我一人能為救護）雖復教詔而不信受（於諸欲染貪著深故、是以方便為説三乗、令諸衆生知三界苦、開示演説出世間道）」の経文を引いて「教と申スは師親のをしへ、詔と申スは主上の詔勅なるべし。仏は閻浮第一の賢王・聖師・賢父なり」（四四五頁）と、法華経が主・師・親の三徳を具備した釈尊の教詔であること、教とは師と親との教えであり、詔とは主上（王）の詔勅であることを明らかにしている。『一代五時図』（図録二〇、二三三八－九頁）、及び『一代五時鶏図』（図録二二、二三五八頁）には左のような図録が掲げられている。

図二〇、図二二ともに何等の説明も付されていず、僅かに「章安釈　涅槃疏云一体三仏作二主師親一」が書き加えられているだけである。しかしながらこの図と前引の法門可申鈔とを連絡づけてみると、釈尊の一切衆生への教は一には師として精神的指導の面を示し、二には親として絶対救済者の面を示していると思われる。師については外道の師・外典の師を挙げ、また世間師・出世師を挙げて歴史上の精神指導者の夫々の役割の位置づけを行なうとともに、出世間師にも凡師・聖師があり、権経師・実経師があるとして、究極の教説を開示された師は釈尊のみであることを明している。親については法華経如来寿量品の良医の狂子救済を中心として、譬喩品の三車火宅の譬に見る長者の子供の救助、信解品の窮子の譬など、法華経全体に子の救済と親の深い愛情に託して仏陀の教化の洪大なることが描かれているが、日蓮聖人はまた諸所に涅槃経の七子の譬を引いて病弱の子に対する親の愛情に託して末代幼稚の者の救済を明かしている。[13]これらを見れば、親の徳とは釈尊の絶対救済の誓願が示されていると拝すべきであろう。

〔図二〇〕（定遺二三三八－九頁）

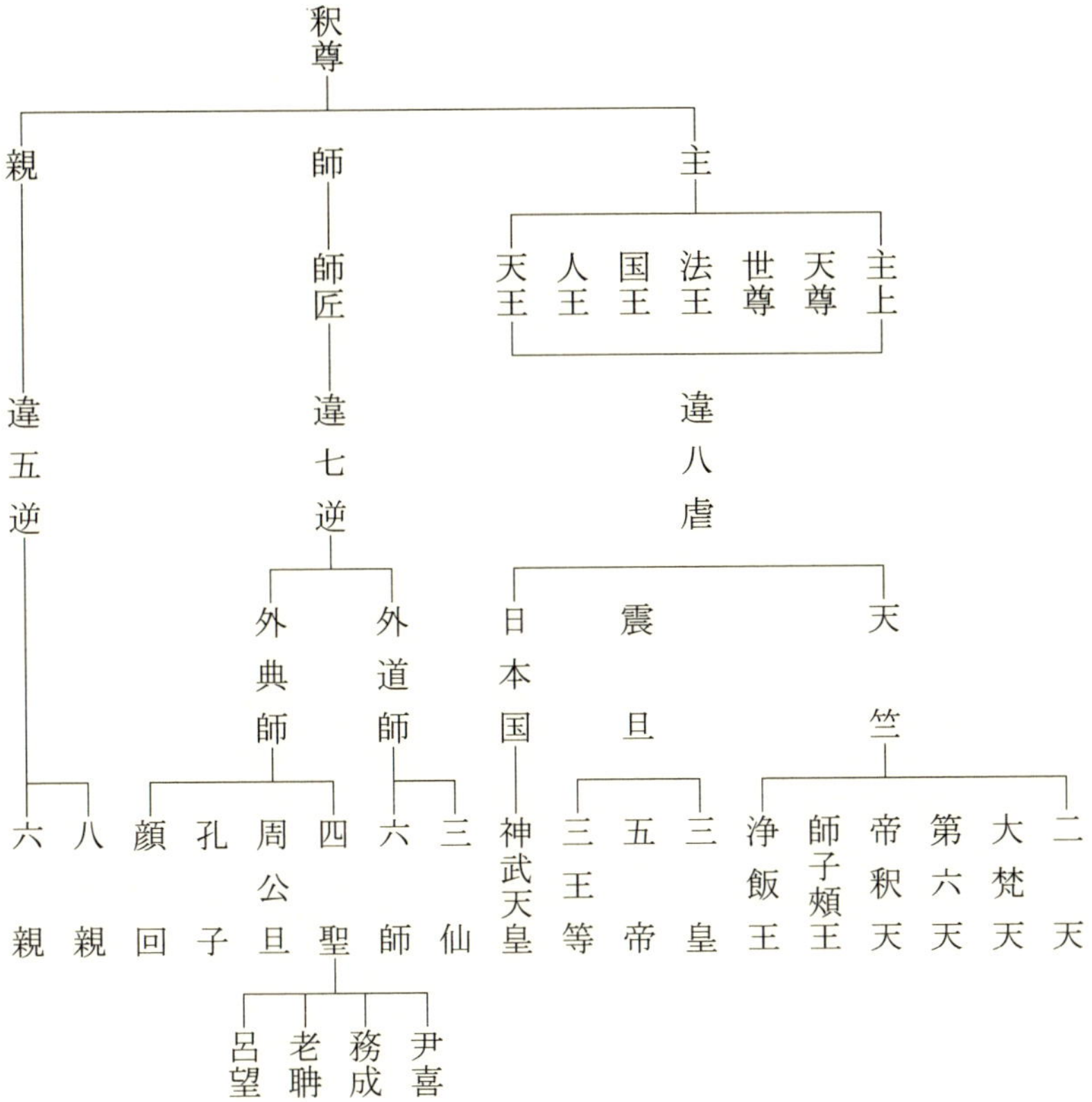

（二三三八頁）

〔図二三〕（定遺二三五八頁）

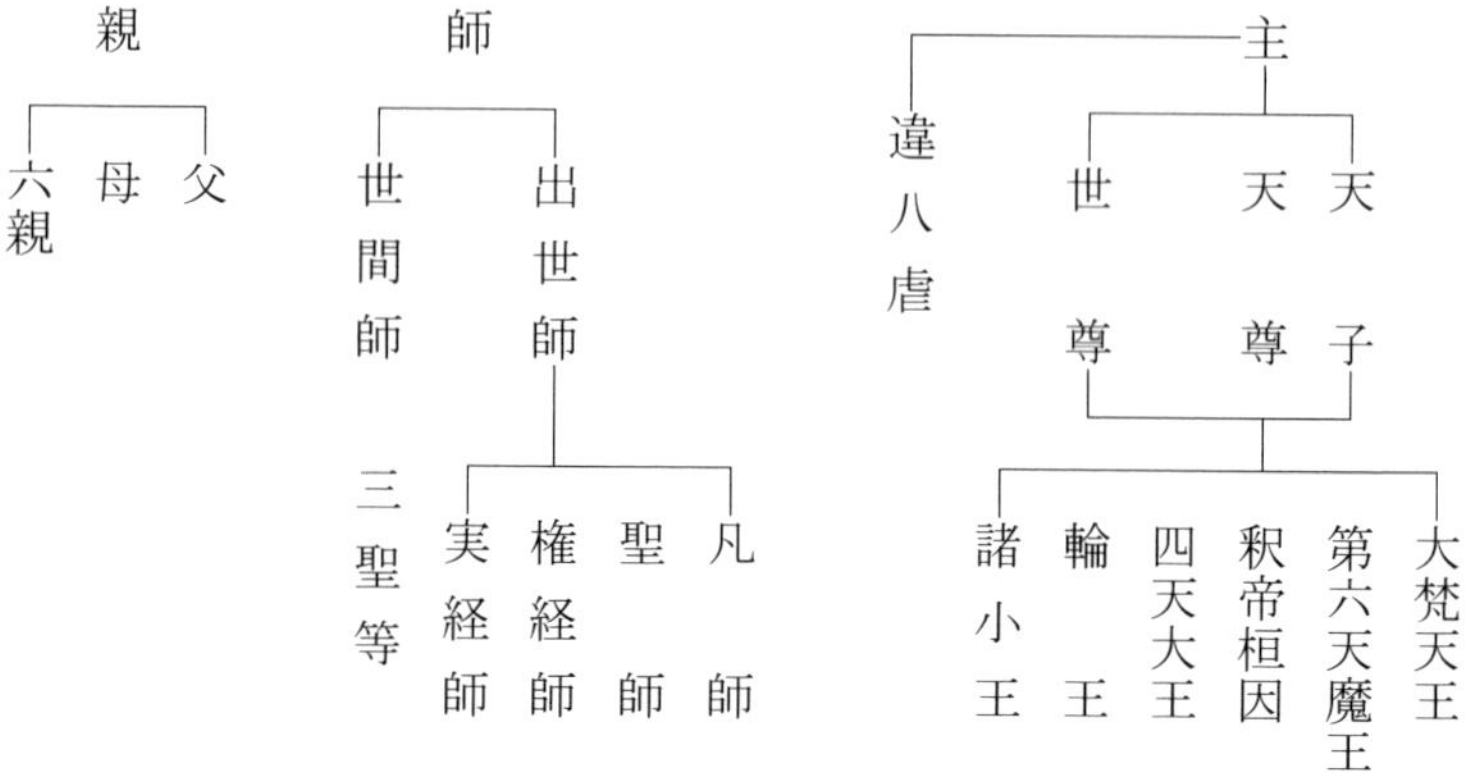
主
天子
天尊
世尊
違八虐
大梵天王
第六天魔王
釈帝桓因
四天大王
輪王
諸小王
師
出世師
世間師
凡師
聖師
権経師
実経師
三聖等
親
父
母
六親

これらの師徳・親徳が絶対的教導・絶対的救済を明らかにしているのに対して、日蓮聖人はそれを譬喩品の「教」に当るとし、「詔」とは主上の詔勅であるとされる。この点について『開目抄』には次のようにいう。

教主釈尊始成ならば、今此世界の梵帝・日月・四天等は劫初より此の土を領すれども、四十余年の仏弟子なり。霊山八年の法華結縁ノ衆今まいりの主君にをもひつかず、久住の者にへだてらるゝがごとし。今久遠実成あらわれぬれば、東方の薬師如来の日光・月光・西方阿弥陀如来の観音・勢至、乃至十方世界の諸仏の御弟子、大日・金剛頂等の両部ノ大日如来の御弟子の諸大菩薩、猶教主釈尊の御弟子也、諸仏釈迦如来の分身たる上は諸仏の所化申スにをよばず。何ニ況ヤ此土の劫初よりこのかたの日月・衆星等、教主釈尊の御弟子にあらずや。（五七七－八頁）

ここにいう教主釈尊と梵天・帝釈等との関係について『法華取要抄』に

梵王ノ云ク　此土ニハ自二廿九劫一已来知行ノ主ナリ。第六天・帝釈・四天王等モ以テ如レ是。釈尊ト与二梵王等一始テ知行ノ先後諍二論ス之ヲ一。雖レ爾挙テ二一指ヲ一降二伏シテヨリ之ヲ一已来　梵天傾レ頭　魔王合レ掌三界ノ衆生ヲシテ令レル帰二伏セ釈尊ニ一是也。（八一一－八一二頁）

とある。即ち、元来、大梵天王は初禅天の主であってそこから娑婆世界を統領していたのであり、また帝釈天はもと此土の天主であったものが転じて梵王とともに仏法を守護する神となり、十二天の一として東方の守護に当ることとなったという。四天王も同様であるが、ひとたび釈尊が菩提樹下において降魔、証覚されたとき、これらの天は釈尊に帰伏し帰依し、釈尊のもと仏法の守護に当ることとなったのである。こうして『開目抄』にあるように、劫初以来、此土領主であった諸天は釈尊に帰依したが、更に久遠実成が開顕されるに及んで諸仏は釈尊の御弟子であり、分身であることが明らかにされ、釈尊こそまさに此土の唯一の教主であって、しかも此土領主であることが明らかにされるに至ったのである。

こうして図録二〇の『一代五時図』、図録二二の『一代五時鶏図』に見られるように、主とは単なる仏教の教主という限定ではなく、主上（天子）・天尊・世尊・法王・国王・人王・天王という概念を能統一するものであり、更に具体的には天竺・震旦（中国）・日本の天乃至王を能統一する主となるのである。

此国は釈迦如来の御所領。（『法門可被申様之事』四四七頁）

梵天帝釈等は我等が親父釈迦如来の御所領をあづかりて、正法の僧をやしなうべき者につけられて候。毘沙門等は四天下の主、此等が門《かど》まほり。又四州の王等は毘沙門天が所従なるべし。其上、日本秋津嶋は四州の輪王の所従にも及ばず、但島の長《をさ》なるべし。（同、四四八頁）

このように主徳とは、日蓮聖人にあって、具体的に此土の一切の権威を能統一する主として受けとられていることが分るのである。

このような主徳・師徳・親徳の三方面を具備し能統一した仏格として釈尊が尊崇されているのである。それは始成正覚の仏陀に即して久遠実成を開顕された本姿である。このような三徳具備の釈尊であればこそ、此土娑婆世界の一切衆生は釈尊を絶対の教主・救済主として仰がなければならないのであり、一大事因縁に思いを致さなければならないのである。そしてまた久遠実成の釈尊を本尊と仰ぎ、その久遠にわたる救済に背くことは誹謗正法の重罪となるのであって、その罪の痛みを知らなければならないのである。

そしてここから『立正安国論』の「汝早ク改メテ二信仰之寸心ヲ一速ニ帰セヨ二実乗之一善ニ一。然レハ則三界ハ皆仏国也。……」（二二六頁）の進言も大きな重みをもって理解されるのである。この三徳具備の釈尊に対する日蓮聖人の崇敬は、『善無畏三蔵鈔』の文に次のように見事に描かれているのである。

此釈迦如来は三の故ましまして、他仏にかわらせ給ひて娑婆世界の一切衆生の有縁の仏となり給ふ。一には、此娑婆世界の一切衆生の世尊にておはします、阿弥陀仏は此国の大王にはあらず、釈迦仏は譬ば我国の主上のごとし。……大覚世尊は我等が尊主也、先ッ御本尊と定むべし。二には、釈迦如来は娑婆世界の一切衆生の父母也。……我等衆生の眼をば開仏知見とは開き給しか。……三には、此仏は娑婆世界の一切衆生の本師也。……十方世界の十悪五逆誹謗正法の重罪逆罪の者を諸仏如来擯出し給しを、釈迦如来此土にあつめ給ふ。(四六六－四六八頁)……我等が父母世尊は主師親三徳を備て、一切の仏に擯出せられたる我等を、唯我一人能為救護とはげませ給ふ。其恩大海よりも深し、其恩大地よりも厚し、其恩虚空よりも広し。(四七〇頁)……(『善無畏三蔵鈔』四六六－四七〇頁)

第三節　釈尊への共鳴と法華経の行者の意義

日蓮聖人の宗教には、諸経・仏教史・諸師・諸思想のさまざまな要素を抱え込みながら、それらを緊密な一体感のうちに取り込んでしまう感がある。

法華経や釈尊に対しても同様であって、一代五時判によって法華経に帰依し、仏教の教主として釈尊を尊敬することを根幹とするが、その法華経・釈尊は末代幼稚のために説示され顕現されたという一体感において受けとられているのである。しかも、そのような法華経の教えを弘教することは法華経の予言(未来記)(14)に強く促されているところであり、日蓮聖人の弘教は釈尊の弘教の延長として一体のものであるという強烈な意識に支えられている。実は日蓮聖人遺文中において釈尊伝や更には釈尊の仏格が語られるのもまさにこのような根本があってのことなのである。そこに日蓮聖人の宗教におけるメシア的側面があるのであり、その取り扱いによっては日蓮本仏論という極端な理論ともなるものであろう。それならば、釈尊への共鳴、乃至一体感がどのように語られているのか、若干の考察を加えよう。

1　誓願の継承

前述のごとく釈尊に対する冠辞の中で最も多く用いられ、またそこに独得の意味を付されているのは教主釈尊ということであった。日蓮聖人は『開目抄』において釈尊は大覚世尊であり、一切衆生の大導師・大眼目・大橋梁・大船師・大福田等であると尊敬し、外典・外道の四聖・三仙を退けて、釈尊のみが「元品の無明の根本猶をかたぶけ」るのみならず、「見思枝葉の麤惑」を超越した大聖であると述べている（五三八頁〜）。『開目抄』一篇は外道・儒教に対して仏教の真髄・法華経の教済・釈尊の誓願を顕わし、三国仏教史・日蓮聖人の半生を述べて、釈尊の随自意・誓願を日蓮聖人が末法の初において継承すべく、死身弘法していることを明らかにし、日蓮聖人が地涌菩薩の応現であることの御自覚とその誓願を示されたものである。[15]

そこに観取することができるのは、日蓮聖人が常に釈尊の誓願・弘教の中核を御自身の綱領とされていることである。そして、聖人は如我等無異如我昔所願（法華経方便品）の所願のこめられている法華経が三仏の未来記であることを明し、それを明らかにした『開目抄』は「釈迦・多宝・十方の諸仏の未来日本国当世をうつし給ふ明鏡なり」（五九〇頁）といい、「久遠・大通の三・五の」塵点以来、即ち釈尊の因位・果位以来その化導に俗しながら得脱できなかった今の一切衆生は、悪知識によって釈尊の誓願を妨害されたものであるといい、それ故に、「善につけ悪につけ法華経をすつる地獄の業なるべし」と述べる。そして

本ト願を立ッ。日本国の位をゆづらむ。法華経をすてゝ観経等について後生をご（期）せよ。父母の頸を刎《はねこ》、念仏申さずわ。なんどの種々の大難出来すとも、智者に我義やぶられずば用ヒじとなり、其外の大難、風の前の塵なるべし。我レ日本の柱とならむ、我レ日本の眼目とならむ、我レ日本の大船とならむ、等とちかいし

願、やぶるべからず。（六〇一頁）

と、さまざまの大難を乗り越えて、釈尊の誓願をこの日本国に継承するという聖人の誓願を貫徹するのだという宣言がなされているのである。しかも日本の柱・日本の眼目・日本の大船とならむという三大誓願は、釈尊の一切衆生の大導師・大眼目・大橋梁・大船師・大福田という仏格を継承しようとするものであることが一目にして観取されるであろう。[16]

2　主師親三徳

釈尊が主師親三徳具備の仏陀であることは前述の通りである。それに対して日蓮聖人は自身が三徳を具備していることを明言されている。

自讃には似たれども本文に任《セ》て申す。余は日本国の人々には上は天子より下は万民にいたるまで三の故あり。一には父母也、二には師匠也、三には主君の御使也。（『下山御消息』一三三一頁）

即ち、法華経の勧持品・安楽行品の文と涅槃経との文を挙げて、「今予法華経と涅槃経との仏鏡をもって、当時の日本国を浮へて其影をみるに、誰の僧か国主に六通の羅漢の如くたとまれて、而も法華経の行者を讒言して頸をきらんとせし。又いづれの僧か万民に大菩薩とあをがれたる。誰の智者か法華経の故に度々《たび》処々を追はれ、頸をきられ、弟子を殺され、両度まで流罪せられて最後に頸に及ばんとせし」（一三二四頁）と、勧持品に説く三類怨敵が現実に出現し日蓮聖人が勧持品に示された法華経の予言を身証したことを述べ、法華経行者の自覚、地涌菩薩の自覚を示されている。そのように、釈尊の御使として日本国一切衆生の救済の道を示した点において釈尊の主師親三徳を継承するという自覚に立たれたのである。[17]但し、(一)父母(二)師匠であるとの説示においては釈尊と同義なることを示しながら、(三)には主君の御使といい、主は釈尊であることを明確にしておられるのである。

法華経の行者日蓮がなぜ釈尊の三徳を継承することができるのか、それは釈尊が法華経の教主であるからであり、そこに法華経の教主と法華経の行者との一貫性、或は一体性が意識されているのではなかろうか。後にふれるように、『開目抄』において日蓮聖人は「仏は……九横の大難に値ヒ給フ。此は法華経の行者にあらずや」(五九九頁)とまで言われているのである。

3　九横の大難と法華経の行者

釈尊が教説を宣べるためにさまざまな妨害や困難に合われたことは仏伝において必ずふれられるところであろう。前述の通り大智度論・興起行経等をはじめとしてそれらはふれられるところがあり、また天台大師は九の難儀を挙げているが日蓮聖人はこれを九横の大難と呼称している。聖人はこのように一定の事柄をスローガン化する達人であるともいえようが、釈尊の苦難を九横の大難と呼んだのは、聖人自身の法華経の行者としての法難の必然性を釈尊の苦難と一体化して受領したからに他ならない。

しかもこのように九横の大難を称呼したのは、上行菩薩の応化としての自覚の昂まった『開目抄』『法華行者値難事』『如説修行鈔』等においてであったことに注意すべきであろう。『開目抄』において釈尊の弟子達(諸の大声聞等)が外道の長者の家に生れ諸王に尊崇されたにもかかわらず、俗服を脱いで壊色の糞掃衣を身にまとい、ただ一鉢を手にして釈尊の教導のままに行動したことを述べ、しかも彼等がさまざまな苦難に合わねばならなかったとして、「仏すら九横の大難にあひ給ふ。……何ニ況や所化の弟子の数難申ス許リなし」(五六四頁)と記されている。

『開目抄』において「早々に仏前の御誓言をとげんとこそをぼすべきに、其義なきは我身法華経の行者にあらざるか」（五六一頁）と繰り返し問うて、仏伝・仏教史に尋ねて行く中で仏陀の苦難・弟子達の受難を述べたのが今の文章であるが、更に日蓮聖人御自身が末法の初という時代において果して法華経の行者であるか否かを問う中で、再び仏の九横の大難についてふれられている。

　誰をか当世の法華経の行者として仏語を実語とせん。仏と提婆とは身と影とのごとし、生々にはなれず。聖徳太子と守屋とは蓮華の花果同時なるがごとし。法華経の行者あらば必ズ三類の怨敵あるべし。三類はすでにあり。法華経の行者は誰ならむ。求て師とすべし。（五九九頁）

このように三類の怨敵に対応した法華経の行者を詮顕して行く中で、

　仏は小指を提婆にやぶられ、九横の大難に値ヒ給フ。此は法華経の行者にあらずや。不軽菩薩ハ一乗の行者といわれまじきか。目連は竹杖（外道）に殺サる。法華経記莂の後なり。付法蔵の第十四ノ提婆菩薩・第二十五の師子尊者ノ二人は人に殺サレぬ。此等は法華経の行者にはあらざるか。（五九九頁）

と述べ、釈尊も九横の大難に会われているのであり、釈尊も法華経の行者であると明言されるのである。

しかも、かの釈尊の前身たる不軽菩薩はさまざまな受難に会ったではないか、その不軽菩薩は法華一乗の行者とは言われなかったのかといい、釈尊が法華経の行者であるという論理を補完している。更に、仏弟子目連・付法蔵の弟子提婆菩薩・師子尊者等の事蹟に照らして、仏法体解の後に仏法を流布する使命のために身命を堵す者はすべてこれ法華経の行者であるとする。その前提には、仏陀が久遠であるとともに仏法も永遠なるものであり、その究極の法として法華経が説かれるのだが、そこから照射してすべての仏陀と菩薩と仏法の求道者とは、すべてこれ法華経の行者であるとの結論に到達するのである。かくして、釈尊も仏道弘宣者としての視座からすれば法華経の行者と規定されるとし、それがすべての仏法求道者の亀鑑としての意味をもつものとしたと推察することができよう。

そのように法華経の行者として仏教伝統者を見るという論理は、より根本的に言えば、「此の法門を申すには必ず魔出来すべし。魔競はずは正法と知るべからず」（『兄弟抄』九三一―二頁）という、正法護持には必ず障害がつきまとうというところに立っているのである。

『法華行者値難事』には、仏陀の未来記（法華経の予言）に随えば末法に法華経の行者が出現するであろうこと、その時に釈尊の受難を超えた大難が起きるであろうことを述べ、仏在世の九横の大難を挙げるが、日蓮聖人自らも「九横の難一々在之」と聖人の行蹟の中に九横の難と同様な法難を受けていることを述べておられる。即ち、九横の大難の中、就中、瑠璃殺釈・乞食空鉢・寒風索衣の難においては、聖人のそれは釈尊在世を超える大難であったと述べる。波瑠璃王によって釈子一族が殺生されたことに匹敵するのは、日蓮聖人の父母・師匠等に対する圧迫やひいては弟子・檀越等に対する弾圧であろう。(18) 乞食空鉢とは釈尊に供養を捧げる者に対する弾圧であり、日蓮聖人への帰依者に対する弾圧はさまざまな形で加えられており、寒風索衣とは殊に『種々御振舞御書』等に示された佐渡流謫時の苦難や身延入山後の寒時の御生活を釈尊のそれに比肩されたものであろう。

そしてまた天台大師・伝教大師もこのような難を受けなかったとし、日蓮は今この難を甘受して法華経弘通の任に当ったが故に、法華経開顕の弘通史上、釈尊・天台・伝教三師に日蓮の弘通が連結するとし、三国四師の義が成立すると述べられている。

このように、法華経弘通の先蹤として釈尊が拝されるとき、法華経の行者は大難に会うこと必定であり、その系譜と経証・現証を得て、今、日蓮聖人は末法の大導師としての自覚を客観化されたのである。

さて、このような釈尊＝法華経の行者の図式には、釈尊の前生としての不軽菩薩の本事が媒介となっているように思われる。既に前引の『開目抄』の文によっても知られるように、日蓮聖人は釈尊の九横の大難に比して仏道修行後の不軽菩薩・目連・提婆菩薩・師子尊者の受難を挙げている。そして釈尊が菩薩として因位修行のありさまを不軽菩薩の本事によって述べ、不軽菩薩が我深敬汝等の二十四字の弘教によって杖木瓦石の難に会ったことは、釈尊の因位の菩薩行を示して末法の法華経の行者を勧励したことに他ならないことが示されている。

仏、不軽品ニ引テ二自身ノ過去ノ現証ヲ一云ク　尓時ニ有リ二一リノ菩薩一名ク二常不軽ト一等云云。又云ク悪口罵詈等セラル。又云ク或ハ以テ二杖木瓦石ヲ一打二擲ス之ヲ一等云云。釈尊引キ二載テ我因位ノ所行ヲ一勧メ二励シタマフ末法ノ始ヲ一。不軽菩薩既ニ為ニ二法華経ノ一蒙リテ二杖木ヲ一忽ニ登ラセタマヒヌ二妙覚ノ極位ニ一。（『波木井三郎殿御返事』七四六―七頁）

そしてこの不軽菩薩の本事によって、聖人も受難によって当来に妙果を得ること疑いなき所以となるとして、前文に続いて

日蓮此経之故ニ現身ニ被リ二刀杖ヲ一二度当ル二遠流ニ一。当来ノ妙果可シャレ疑フレ之ヲ乎。

と述べるのである。

また『日妙聖人御書』等にも釈尊前生の雪山童子・不軽菩薩・須頭檀王、そして日月燈明仏前生の薬王菩薩等の本事を挙げているが、そこで「かの不軽菩薩は今の教主釈尊なり」（六四四頁）と述べ、また『一谷入道御書』には「不軽菩薩は法華経の御ために多劫が間、罵詈毀辱杖木瓦石にせめられき。今の釈迦仏に有らずや」（九九〇頁）等と述べられている。

ここに「不軽菩薩は既に法華経の為に杖木を蒙り……」とあるが、これに関連して思い起されるのは、『本尊抄』において成道の機に二ありとし、「其レ機ニ有リレ二。一ニハ見タテマツリレ仏ヲ法華ニシテ得道ス。二ニハ不トモレ見タテマツラレ仏ヲ法華ニテ得道スル也」（七〇六頁）と、滅後末法の我等凡夫は仏にまみえ奉ることはできないが、法華経によって得道できるとしていることである。既に不軽菩薩もそのような形で法華経による仏道成就の菩薩であり、その

為に不軽菩薩が法華経の先蹤となるのであって、そのような構造から、ひいては釈尊＝法華経の行者という図式へと連続することとなるのであろう。

以上のように、釈尊を九横の大難を超克した法華経の行者としてとらえることによって、日蓮聖人は釈尊を一方では主師親三徳具備の釈尊、此土領有の主として拝しながら、他方では釈尊の御使として随自意の仏説たる法華経を弘通する法華経の行者の実践が釈尊それと一体化しているという実存感を得ていたことが伺えるのである。

小　結

釈尊をどのように拝するか、これは仏教信仰にとって重大な課題である。日蓮聖人が釈尊をどのように尊敬したのか、まだまださまざまな角度から検討されなければならないであろう。『一代五時図』を見ても日蓮聖人が仏教の教主釈尊を本尊としなければならないことを強く主張していることが理解される。しかもその教主とは単なる釈尊を指すのでなく、随自意の教を開顕した久遠実成の教主釈尊でなければならないのであって、そこに仏教諸経典の勝劣・浅深ということが改めて問われねばならぬ必然がある。

そのように教主釈尊の実在が強く描かれ、その教済が厳しく説かれながら、大曼荼羅本尊理解に関わって日蓮教学鑚仰乃至研鑚の上に完全にそれが反映しているか甚だ疑問である。

ところがそのような教主釈尊への絶対的敬慕が強く述べられている反面、日蓮聖人は釈尊を単に蒼穹の上に仰ぐばかりでなく、釈尊から極めて身近な指示を仰ごうとする。そして、遂には強烈な自身との一体感に到達しているのである。本章においてそのような一体感を形成しているものは何かについて若干の考察を加え、それは結局、法華経の行者の自覚において到達されたものであるとの一往の結論に到達した。

そこには釈尊の生涯にわたる教説は、その御使として日蓮聖人によって再現されなければならぬという明確な意識とイメージに支えられる。そこでは釈尊は歴史上の限界の中にあるのではなくて、歴史を越えて末代幼稚の我々の主師親三徳具足の教主である。もはやそこには仏在世と仏滅後末法の始を区別する何ものもなく、「在世は今なり、今は在世なり」であり、生身の妙覚の仏（釈尊）は本位に居して我等を見そなわされているのである。その慈悲と厳愛の眼差は我等に向けられているのであり、我等の成仏は同体の成仏として釈尊の本土に摂取されるのである。

そのような釈尊観は、正しく事一念三千を明らかにされた法華経の教説を媒介とするものである。従って、そこでは、釈尊伝も通途の仏伝とはげしく異ならなければならないのである。そこまで行けば、釈尊観は我々の成仏（救済）、人間観、罪の問題、教説受容等の多岐の面と関わって来ざるを得ないであろう。そのような意味で釈尊観は日蓮聖人の宗教の根幹に横たわっているのである。

註

（1）定遺二二八一頁、二二九九頁、二三三三頁、二三八四頁等

（2）拙稿「日蓮聖人の門弟教育と教学の継承」（日本仏教学会年報三四号）参照。

（3）以下、本文中、遺文引用頁をカッコ内に示しているが、これらは総て『昭和定本日蓮聖人遺文』の頁数である。

（4）因みに『月満御書』は『他受用御書』に始めて収録された遺文で、文献的には検討を要する。

（5）定遺二二八一頁、二二九九頁、（以上、いづれも『一代五時図』）。二三三三頁、二三五五頁、二三八四頁、（以上『一代五時鶏図』）等。なお前註①参照。

（６）『守護国家論』（定遺九〇頁以下）、『南条兵衛七郎御書』（定遺三二二頁）等参照。

（７）「不レル識ラ二一念三千一ヲ者ニハ　仏起二シ大慈悲一ヲ　五字ノ内ニ裹二ミ此珠一ヲ令レシメタマフ懸二末代幼稚ノ頸一ニ。」（定遺七二〇頁）

（８）茂田井教亨「日蓮聖人に於ける謗法ということについて」（『観心本尊抄研究序説』所収）、拙稿「日蓮聖人の宗教における謗法の意義」（宮崎英修・茂田井教亨編『日蓮聖人研究』所収）

（９）定遺二三四一―二頁。

（10）『開目抄』（定遺五五九頁、五六四頁）、『曾谷入道殿許御書』（八九九頁）、『撰時抄』（一〇五五頁）、『報恩抄』（一一九九頁）、『千日尼御返事』（一七六一頁）等等。

（11）『本化聖典大辞林』一一二四頁参照。

（12）『今此三界合文』（定遺二二八頁以下）には法華経如来寿量品・譬喩品を挙げて説述するが、殊に涅槃経及び同疏等を挙げて述べていることが注意される。

（13）茂田井教亨『観心本尊抄研究序説』「五義の体系的考察」の中で『開目抄』について考察する中で、厳父の義を説いて仏母の義を止揚する義に着目し、「釈迦如来をもって〈父〉とするところに〈種〉の要因が認められる」（一三三頁）と述べている。

（14）『顕仏未来記』（定遺七四一頁）等。

（15）茂田井教亨『開目抄講讃』。また上原専禄「誓願論」（『死者・生者―日蓮認識への発想と視点』所収）は、『開目抄』の三大誓願に改めて着目し、日蓮聖人の誓願が釈尊の本願と深く関わっていること、今日における現実への宗教的はたらきかけがそのような基盤を明確に認識するところから出発せねばならぬことを開顕している。

(16) 茂田井教亨『開目抄講讃』。清水龍山『開目抄講議』

(17) 大石寺日寛はこの点を強調し、『開目抄』の「日蓮は日本国の諸人にしたし。。父母也」(六〇八頁)を「しうし父母也」=「主・師・父母也」と読み、日蓮聖人のメシヤ性を強調して日蓮聖人が主師親三徳を具備したとき釈尊の三徳は消失するとの論点から、日蓮本仏論を主張した(『六巻鈔』—『富士宗学要集』六巻所収、執行海秀『日蓮宗教学史』参照)。しかし、日蓮聖人はあくまで釈尊を三徳具備の教主として尊崇しているのであって、末法における聖人の位置づけと釈尊への尊崇・一体感とは全く矛盾しないところに聖人の宗教の性格がある。

(18) 高木豊『日蓮』

第三章　日蓮教学における釈尊と法華経

第二章で述べたように、日蓮聖人は久遠実成の教主釈尊に共鳴し、釈尊の世界に一如するとともに、日蓮聖人の世界に釈尊を生き生きと表わしめた。そして久遠釈尊をもって本尊とし、それを知らぬ諸宗は本尊に迷うものであると論断された(1)。しかし、大曼荼羅本尊は題目を中心としており、また一方木像には久遠釈尊を中心とする一尊四士の形態が造立された。古来からの本尊論の中心論点は、この両者の関係をどのように位置づけるかにあったと言ってもよいほどであろう。とすれば、再び日蓮聖人に還って、日蓮教学において釈尊を法華経との関係はどのように示されているか、また法華経の世界と大曼荼羅に示された世界との関係はどのように推察されるのかについて確認しておくことが必要であろう。

第一節　釈迦仏・法華経の関連

第一項　遺文における法華経と釈迦仏

日蓮聖人は晩年身延で檀越からの供養を「法華経の御宝前」「釈迦仏・法華経」に捧げその意を申し上げ加護を願った旨を返書にしばしば述べられている。恐らく、『御遺物配分帳』等から類推して、身延の草庵には聖人持仏の立像の釈迦牟尼仏が奉安され、その前に法華経が安置されていたことは、ほぼ間違いない事実としてよいかと思われる(2)。しかし、現存の真筆「大曼荼羅」から見て、聖人がこの時期に数多くの大曼荼羅本尊を図顕され、弟子・檀越に授与されたことも周知の事実である。その一体性を「法・仏一体」とすることは基本的には間違いないことだとしても、聖人のヴィジョンにおいていかように一体であったかを尋ねばならぬという衝動にかられるのである。

「法華経の御宝前」「釈迦仏・法華経」という聖人の表現には、たしかに教主釈尊と法華経が一体のものとしてとらえられていることを示しているのであって、単にそこに「釈迦仏」「法華経」が同時に奉安されたというにとどまらないと思われる。

それならば、日蓮聖人の示された表現から、能説の教主釈尊と所説の法華経とはどのような一体性を有するのかということを考えて聖人遺文を拝読すると、そこに一見矛盾した表現が眼につくのである。今、法華経と釈迦仏との関係についての叙述を分類的に表示して見ると、次のようなものがあるであろう。

(1)　法華経は釈迦仏の所説である。

(2) 法華経の文字は釈迦仏の命（いのち）である。
(3) 法華経の命（いのち）をつぐことは三世諸仏を供養することとなる。
(4) 南無妙法蓮華経が法華経の肝心である。
(5) 「法華経は仏にまさらせ給う」法である。
(6) 「法華経を心得る者は釈尊と斉等」である。

(1)についてはあえて例を挙げることもない。聖人が法華経は釈迦仏に勝る法であるといい、法華経の超歴史性を述べるにしても、歴史的事実としてわれわれが今、拝読する法華経を釈迦牟尼世尊の所説であることを否定するものではない。

(2)「法華経の文字は生身の仏なり」（『法蓮鈔』曽　定遺九五〇頁）「この（法華経の）文字は釈迦如来の気にも候なり」（『師子王御書』断　定遺　一六〇頁）等の表現が見られる[3]。すなわち、法華経の文字はそのまま教主釈尊の命そのものだとして領受する聖人の信仰の世界がある。このことは法華経が釈尊の三十二相の一としての梵音声であるということから出発して「三十一相の仏の前に法華経を置キたてまつれば必ス純円ノ仏ナリ」「法華経を心法とさだめて三十一相の木絵の像に印すれば木絵二像ノ全身生身ノ仏也」（『木絵二像開眼之事』曽　定遺七九二頁）という、つまり法華経の入魂によってはじめて教主釈尊の仏像が生身の仏となるという開眼供養の論理となり、それはやがて法華経そのままが生身の仏なのだという表現となる。

法華経は釈迦如来の御志を書キ顕シて、此音声を文字と成シ給フ。仏の御心はこの文字に備れり。……釈迦仏と法華経の文字とはかはれども・心は一ッ也。然レハ法華経の文字を拝見させ給フは、生身の釈迦如来にあひ進《まい》らせたりとおぼしめすべし。（『四条金吾殿御返事』興　定遺六六六頁）

この表現の限りではこのことの重大性はそれほど感じとれないが、実はここに聖人の「本尊観」の論理が内在されていると拝されるのである。

(3)の表現は実に難解とされて来た聖人の「本尊観」を解く鍵ではなかろうか。

此は日蓮を御くやうは候はず、法華経の御くやうなれば、釈迦仏・多宝仏・十方の諸仏に此功徳はまかせまいらせ候。(『窪尼御前御返事』興　定遺一九〇〇頁)

法華経の御いのちをつがせ給ッ事、三世の諸仏を供養し給へるにてあるなり。十方の衆生の眼を開く功徳にて候べし。(『上野殿御返事』完　定遺一三六五―六頁)

聖人の「法華経」観は聖人の釈尊観と関連して考察しなければ完全であり得ないのであるが、例えば釈尊一体仏供養ということが単なる釈尊の供養にとどまらないことは、『四条金吾釈迦仏供養事』(断　定遺一一八二頁)『日眼女釈迦仏供養事』(曽　定遺一六二三頁)によって推察されるのである。両書の示すとおり、「梵・帝・日・月・四天等必定して影の身に随ッが如く貴辺をばまほらせ給」(定遺一一八四頁)という叙述、或は『日眼女釈迦仏供養事』における諸仏・諸菩薩・諸声聞・諸天・諸神はすべてその本地が教主釈尊であり「釈尊は天の一月、諸仏菩薩等は万水に浮ッ影」(定遺一六二三頁)という叙述に見られるように、釈迦仏造立供養は単に釈迦供養にとどまらず、「釈迦仏・法華経」と端的に表現されるような法華経世界そのものの供養となり、そこにわれわれ凡夫の救済、三世にわたる諸仏・諸尊等の加護が保証されるのである。

そこで法華経への帰投も釈尊への帰投も全く同じことであって別なものではない。つまり法華経への帰投、釈尊への帰投はそのまま釈迦・多宝・分身諸仏の三仏を中心とする法華経世界への帰投となるのであり、その法華経世界こそがまさに、大曼荼羅の世界ではないかと拝されるのである。

(4)はここに入れるべきではないかも知れないが、以上のような聖人の「法華経」をもとにして「南無妙法蓮華経が法華経の肝心」であることを再確認する必要があるのではなかろうか。

(5)歴史的事実から発する法華経把握から最も解釈に困惑するのが、この「法華経は仏にまさらせ給ふ法」という表現である。例えば『法蓮鈔』(曽・定遺九四四頁)『窪尼御前御返事』(断　定遺一六四五頁)『九郎太郎殿御返事』(断　同一六〇四頁)『上野殿母尼御前御返事』(断　同一八一四頁)等にこの表現が見られる。この表現に比重を置かぬようにする理解の方法はある意味で可能である。なぜなら、第一に『法蓮鈔』においては、中国の能筆、烏龍・遺龍に関する説法によって法華経の広大なる功徳を述べていることに関説しての表現だからである。第二に他の書簡類の対告に富木氏・四条氏等の聖人の信仰に真正面から受領した檀越が全く入っていないで、むしろ教養にとぼしく念仏信仰から改転した檀越に対して、与えられる書簡にこの表現が多いということである。そのかぎりでは念仏信仰による阿弥陀仏の救済に比較して釈迦仏の救済が全く優れていること、それよりも法華経に対する信仰がなおなお優れているという表現の方が理解しやすいという聖人の配慮から出たものと解釈することも可能ではあろう。

しかし、それにもかかわらず、その表現が聖人の信仰の論理を貫徹していなければならないことは疑うべからざる事実であろう。

それならば、それをどう解釈すべきであろうか。聖人における釈尊観が歴史的人格を媒介とすることは決定的であるとしても、なおそれは三千塵点劫・五百塵点劫以来の久遠の性格をもつことはいうまでもなく、さらに、五百塵点劫という有限性をも打破する久遠仏を要請するものであった。法華経も同様であって歴史的所産としての「法華経」は大通智勝仏における法華覆講にも見られるように超歴史的なものであり、そこでは釈迦仏・法華経は単に能説・所説という関係ではとらえ得ない面をもつのである。だからこそ法華経が「釈迦仏の御命」であるという先述のような表現が生まれるのではなかろうか。

(6)の表現も、また難解であると言わざるを得ないであろう。『日妙聖人御書』（文永九年五月二十五日　断）には次のような表現が見られる。

我等具縛の凡夫忽に教主釈尊と功徳ひとし。……経ニ云ク　如我等無異等云云。法華経を得レル心者は釈尊と斉等なりと申ス文なり。（定遺六四五頁）

今法華経の行者は其中衆生悉是吾子と申て教主釈尊の御子なり。教主釈尊のごとく法王とならん事難かるべからず。（同六四五頁）

日妙聖人は乙御前の母であるが、法華経の要求する正直の心にかなった者、女人ながら不軽菩薩の心を踏む者として聖人が「日妙聖人」という法名を授けられた熱心な信仰者である。聖人は「法華経の行者」たることは「教主釈尊の御子」たることであると述べる。それにもかかわらず、その「教主釈尊のごとく法王となる」ことができるのであると述べられる。「釈尊と斉等になる」ことは「法華経を心得る」ということによって保証されるのである。

民の現身に王となると凡夫の忽に仏になると同ジ事なるべし。一念三千の肝心と申スはこれなり。（定遺六四五頁）

その成仏の要諦こそ、「一念三千の肝心」ということなのである。

そこで推察されることは、釈迦仏・法華経の関係が歴史的には能説・所説でありながら、超歴史的な聖人の信仰の境界にあっては「法華経」は仏の絶対の境界であり、「釈迦仏」はその具現者として絶対者であるという関係はおいてとらえられているのではなかろうか。釈尊の指し示された「法華経の信仰」は「法華経」への帰投によって法華経世界へ摂取引入されることであり、その保証こそまさに成仏ということではなかろうか。前述したように釈尊は法華経世界に住するすべての諸仏・諸菩薩・諸声聞・諸尊・諸神の本地であり、その釈尊は法華経によって釈尊たり得るという関係を思い起すとき、このような理解もあながちに無理とも言えないであろう。

聖人は正直なる法華信仰者である日妙聖人を諸仏・諸尊が必ず守護するであろうことを次のように述べている。

当レ知ル　釈迦仏・多宝仏・十方分身の諸仏、上行・無辺行等の大菩薩　大梵天王・帝釈・四王等　此女人をば影の身にそうがごとくまほり給ッらん。（定遺六四七頁）

ここには(3)に述べたのと共通する世界があると思われる。「法華経」は「法華経」としてしか言い表わしようのない絶対の世界である。それは教主釈尊を教主釈尊たらしめる絶対世界であるとともに、そこへの帰投者を教主釈尊のいます世界に救済する教法であるというところに、聖人の独特の仏教観・教主釈尊観・法華経観があるのだと拝することができよう。

第三項　成仏と加護

さて、以上のような釈尊観・法華経観を通じての大曼荼羅理解について若干ふれておこう。

前述したように、釈迦仏・法華経への帰投は単なる釈尊・法華経への礼讃・信仰というにとどまらないで、釈尊を本地とする諸仏・諸尊等の世界への帰投、それによって生ずる加護となり、法華経の世界への帰投は生身の釈尊への帰投であり、釈尊を本地とする世界への帰投、及びそれによって生ずる加護となるのである。そのような観点からすると、聖人がしばしば諸仏・諸尊等を列記し、いわゆる霊山虚空会上の相を描いていることは重要な意義をもっているといわざるを得ないであろう。

聖人にとって「本尊」は帰依の依拠であるとともに加護者でもある。聖人がしばしば、大曼荼羅本尊をもって「御守」とか「まほり」と呼ばれている必然性はそこにあろう。つまり、法華経・釈迦仏の帰投は必ず諸仏・諸尊の加護を生ずる。ところで、その「まほり」という表現についてもいろいろな解釈がそこから展開されたこともあるようであるが、我々が忘れてならないことは日蓮聖人が鎌倉時代に使用された表現であることである。今日の社会にあっては「御守」は人間の生活を全面的に規制するものではなく、例えば交通安全とか学才についての、部分的効果を期待するものとして受けとられている。このことは別の観点からの研究を必要とするであろうが、結論的に言えるであろうことは、社会的・文化的にさまざまなものが機能分化して行く社会体制のなかで、宗教もまた葬祭・祈願等の機能が分解して行くのであり、その過程のなかでの用語概念の変遷を念頭に置いて、とらえられねばならないということである。

そのような視角から「御守」という一事をとってみても「現世利益」の概念が大きく変化してきたということを注意しなければならないであろう。ともかく、聖人において語られた現世利益は全人間的なものであり、今日における個的欲望充足を期待する現世利益とは次元の異なるものであろう。

聖人において何故「加護」ということが強調されたのであろうか。『新尼御前御返事』における次の表現はそれに正しく答えるであろう。

> 諸人皆死して無間地獄に堕ルこと、雨のごとくしげからん時、此ノ五字の大曼荼羅を身に帯し心に存せば、諸王は国を扶け、万民は難をのがれん。乃至後生の大火災を脱ルべしと仏記しをかせ給ヒぬ。(定遺八六七—八頁)

聖人が「仏滅後二千二百二十余年未曾有の大曼荼羅也」と讃文されることの必然性にこそまさに我々に大曼荼羅を授与されるゆえんがある。つまり、聖人においては末法の始における加護なくして成仏を求めるということは困難であるというところに、末法における仏教流通の特殊性というものがあったのである。

それは何も「大曼荼羅にかぎったことではなく、釈尊一体仏造立についても同様なのである。『日眼女釈迦仏供養事』には次のような叙述がある。

御守書キてまいらせ候。
三界ノ主　教主釈尊一体三寸ノ木像造立ノ檀那日眼女。…法華経ノ寿量品ニ云ク　或ハ説キ二己身ヲ一　或ハ説ク二他身ヲ一等云云。東方の善徳仏・中央の大日如来・十方の諸仏・過去の七仏・三世の諸仏、上行菩薩等、文殊師利・舎利弗等、大梵天王・第六天の魔王・釈提桓因王・日天・月天・明星天・北斗七星・二十八宿・五星・七星・八万四千の無量の諸星、阿修羅王・天神・地神・山神・海神・宅神・里神・一切世間の国々の主とある人、何れか教主釈尊ならざる。天照太神・八幡大菩薩も其本地は教主釈尊也。例せば釈尊は天の一月、諸仏菩薩等は万水に浮ッる影なり。釈尊一体を造立する人は十方世界の諸仏を作り奉る人なり。（昭　定遺一六二三頁）

前述のようにここには明らかに法華経の世界が描かれており、「釈尊一体仏」の造立供養はとりもなおさず「教主釈尊」を中心とする法華経世界への帰投となることが明瞭に看取されるであろう。

ところで、この御返事の最初に「御守書キてまいらせ候」とあることが、他の例と同様に大曼荼羅授与ということであるとすれば、釈尊一体仏造立とともに大曼荼羅を授与されたこととなり、まさに釈迦仏と法華経とは一体の世界に立つものとして聖人が受領していたことが分るのである。

なお、『日眼女釈迦仏供養事』は古来より弘安二年二月二日ということが定説となっている。ところが、現存御真筆大曼荼羅中に四条金吾頼基及びその妻＝日眼女にあてて弘安三年二月一日に図顕され同時に授与されたものがある(5)。筆者は同書の月日と両大曼荼羅図顕の年月日との符合に注目する。同書は身延で明治八年焼失したので、その年代推定は乾師本記載によるのであるが、通常というより全くといってよいほど聖人のこの程度の書簡には年号が入っていないことから考えて、同書は弘安三年二月二日執筆と推定したい。もしこのことが許されるならばここにいう「御守」は現存することになる。また、それに伴《ともな》って定遺一六〇『四条金吾殿女房御返事』は文永十二年正月二十七日ではなく、建治二年正月二十七日執筆でなければならない。

第四項　生身の教主釈尊

最後にしめくくりとして「生身の教主釈尊」について一言したい。

「生身」ということは佐前にも見られるところであり、それは必ずしも釈尊に対する冠辞ではなかった。しかしその「生身」ということが「教主釈尊」理解をきわめてヴィヴィッドなものとしていたのであろうと拝される。『法華取要抄』には

今来二至シテ法華経ニ一授二与シ実法ヲ一　法華経ノ本門ノ来至シテ二略開近顕遠ニ一自リノ二華厳一大菩薩・二乗・大梵天・帝釈・日・月・四天・龍王等位隣リ二妙覚ニ一又入ル二妙覚ノ位ニ一也。

若尓レハ者今我等向テレ天ニ見ハレ之ヲ生身ノ妙覚ノ仏カ居シテ二本位ニ一利二益スル衆生ヲ一是也。（真　定遺八一四頁）

と、「生身の妙覚の仏」が「本位に住して」我々末法の大衆を見そなわしておられることが眼前の事実として描かれている。

聖人が釈尊生誕の日を薬師如来の日と換骨脱胎したことなどをしばしば批判し、釈尊を仏教の中心に据えていることは、法華経の能説者として当然すぎることではあるが、それは聖人に生き生きとした釈尊観がはたらいていたからに他ならない。であればこそ、釈尊の世界が釈尊に対する礼拝ということでなく、全身全霊をこめて釈

尊の世界に聖人自身を投入していったのではなかろうか。

我々はしばしば現在の我々のイメージをもって意識的・無意識的にすべてを論断してしまいがちなのではあるまいか。例えば「本尊」を「礼拝の対象」として考えることは、一面、当然であるにしても、そこに形式を簡潔にしなければ納得できないと考えるその基礎には、西欧的な思想・文化の影響を受けた我々の、生活感情があるのではなかろうか。しかし、形式は背後にある信仰の理念によって支えられているのであり、その意味から聖人の生涯を全面的に動かしていった「本尊」を我々は問うていかなければならない。

第二節　三仏帰命と加護

第一項　日蓮聖人の三仏観

日蓮聖人の仏陀観を知り、大曼荼羅本尊の尅体を明らかにするための一つの手がかりとして、「三仏」についての叙述が問題となると思われる(6)。

聖人が「教主釈尊の金言、多宝、十方の諸仏の証明(7)」についてほとんど全ての遺文に関説していることは言うまでもない。しかも、そうした中で『観心本尊抄副状』の「乞願クハ歴ルノ二一見ヲ一来輩、師弟共ニ詣テテ二霊山浄土ニ一拝二見シタテマツラン三仏ノ顔貌ヲ一」という叙述は、教主釈尊・多宝如来・十方諸仏が単に法華経の教説者と証明者・讃歎者という関係においてとらえられているのみでなく、「三仏」として一体的にとらえられていることを表わしている。そこで、聖人の「三仏」に関する叙述を通観してみることにする。

遺文中、三仏に関する叙述は大まかに次のように分類することができよう。

一、釈尊の教説において、法華経こそ三世諸仏説法の儀式において究極の教として顕わされるものであることの多宝如来の証明、十方分身諸仏の讃歎。
二、末法における帰依処としての三仏
三、三仏の加護
なお、これにともなって三仏と法華経との関係が問題となる。

第二項、三仏の証明

言うまでもなく、聖人の仏教受容は「教」を中心とするものであり、釈尊の真実の教法を見究め、そこに自己を企投することが中心の課題である。釈尊一代の説法における教説の勝劣を問い求め、三国仏教展開における法の大小・権実を論ずるのはそのためであった。聖人は涅槃経の「依法不依人、依義不依語、依智不依識」に基づき、法華経の序分たる無量義経の四十余年未顕真実の経説によって法華経の真実教たることを明かしているが、更に正宗分の法華経において法華経が三説超過の教なること、及び三仏の教説・証明・讃歎具足の所説であることをもって最勝の教説である確証としている。しかも三説超過の本法判は三仏の会所において確定せられるものであり、真実の帰依処たる三仏に帰命するときには既に已今当三説超過の法華経に従わねばならぬのである。しかも法華経は三世諸仏説法の儀式と説かれているのであるから、そのような本法判のうちに釈尊のみならず過去七仏等の諸経等までも包摂されることとなり三世と十方とにわたる教法の選択となるものである。『守護国家論』には次のように述べられている。

至二テ正宗ノ法華経一ニ定二ムル一代之勝劣一ヲ時　吐二テ我所説ノ経典無量千万億已説・今説・当説之金言一ヲ説下キタマフ而モ

於テ二其中一ニ此法華経ハ最為《これ》難信難解ナリト上時　多宝如来従レ地涌出シテ証二誠シ妙法蓮華経皆是真実一ト分身ノ諸仏自リ二十方一尽ク集メテ二一処一ニ舌シ付ケタマア二梵天一ニ。

今以二此義一余加フルニ二推察一　唐土・日本ニ所ノレ渡レル五千七千余巻ノ諸経以外ノ天竺・竜宮・四天王・過去七仏等ノ諸経　並ニ阿難ノ未結集ノ経　十方世界ノ同スルレ塵ニ諸経ノ勝劣・浅深・難易在リ二於掌中一ニ。無量千万億之中ニ豈ニ可キャレ漏二釈迦如来ノ所説ノ諸経一乎。已説・今説・当説之年限ニ不ルレ入諸経可レ有レ之乎。（定遺九八頁）

これに続いて

願クハ末代ノ諸人　且ク閣テ二諸宗ノ高祖ノ弱文無義一ヲ可シレ信ス二釈迦・多宝・十方諸仏ノ強文有義一ヲ。

の文がある。これと同意の文は、後年、身延入山直後の著作である『法華取要抄』に

今捨テ二置末ノ論師・本ノ人師ノ邪義一ヲ　専ラ引二見ルニ本経本論一ヲ、五十余年ノ諸経ノ中法華経第四法師品ノ中ノ已今当ノ三字最モ第一也。（定遺八一一頁）

と述べられているのであるが、聖人はたとえば法然が「偏依善導」を誇称するのに対して疑問をなげかけ、仏教受容の基準を釈尊滅後の論師・人師等の論・釈によって決定することの非を難じ、釈尊所説の経典によってのみ仏教受容の基準はあり得るとし、「仏眼をかって時機をかんがへよ、仏日を用て国土をてらせ」というように、現実における教法選択とかかわって仏語によっての教法受容を決定しているのである。そのようなところに、聖人の已今当三説超過判が三仏教説・証明・讃歎とかかわって教法受容の根本的態度をなす理由があったと考えられるのである。

このような法華経への帰結から、聖人は依了義経の正義が仏教展開史において行なわれたかと問うて、如来が入滅して既に二千二百余年の星霜を終る間、文殊・迦葉・阿難等による経典結集が行なわれ、四依の菩薩が出て論を造って経の意を述べたが、しかし末の論師に至って漸く誤った理解が行なわれ、また経典飜訳者においても

梵・漢に未達の者や権教に宿習せる人が出てきて、実の経論の義を曲げて権の経論の義によるものがあったことを明らかにしている(9)。このような批判の根底には「於二テ有レルノ誤諸経一ニ致二ス信心一ヲ者可レキ離二ル生死一テ耶(10)」という、聖人の「教」を基準とした論理の展開が見られるのである。

法華経が三仏の金口の所説・証明・讃歎あるという論理は『守護国家論』において確立されているのであり、以後の遺文に見られる表現もその内容においてこれを出るものではないようである。ただし、同書に示される、法華経は多宝如来・十方諸仏の証明あって真実の教説たり得るのであり、釈尊一仏によってそれを悔還することのできないものであること、及び、佐後において三仏の教説・証明・讃歎と滅後末法ということが強調されていることを次に述べねばならない。

まず、多宝如来・十方諸仏の証明が行なわれた法華経において釈尊の内証は尽されたのであるから、涅槃経等は釈尊の所説であっても法華経に勝るものではないという論理である。『守護国家論』大文の第六（明下依二法華・涅槃一行者ノ用心上）の第三（明下涅槃経ハ為二法華経流通一ノ説上レ之）において、方便品・寿量品・神力品の文を引用した後に述べているように、法華経は釈尊の内証であるのみでなく、多宝・十方諸仏が証明され、已今当三説超過判によって明らかにされた教法なのであって、いわば、「三世諸仏説法之儀式」において明らかにされた仏教の中核たる教法だということである。従って法華経以後に説述された釈迦一仏の教説たる涅槃経とは質的に違うのだというのである(11)。涅槃経が法華の流通分であって一仏所説の教法にすぎないように、阿弥陀経も法華経以前の所説なる故に、未顕真実なりとする論理も同じ論点に立っている。

今ノ法華・涅槃ハ久遠実成ノ円仏之実説也。十界互具ノ実言也。亦多宝・十方ノ諸仏来リテ証二明之一ヲ故ニ可レ信レ之。阿弥陀経ノ説ハ壊二レ無量義経ノ未顕真実之語一ニ了ヌ。全ク釈迦一仏ノ語ニシテ非二ル諸仏ノ証明一ニハ也(12)。

このような表現は『曽谷入道殿許御書』にも

教主釈尊・十方ノ諸仏ハ以二法華経一ヲ相二対シテ已今当之諸説一ニ定メ二皆是真実一ト　然ル後世尊隠二居シ霊山一ニ多宝・諸仏ハ各還リタマヒヌ二本土一ニ。除二於三仏一之外誰カ破二失セン之一ヲ。就中、弘法所覧之真言経之中ニ一悔二還ス於三説一之文有リヤレ之不ヤ(13)。

と見られ、釈尊の所説といえども、釈尊の已今当三説のうちの今説でなければならず、しかも多宝如来、十方諸仏の証明・讃歎具足してはじめて本懐の真実教説たり得ると日蓮聖人は確証されているのである。

なお、『守護国家論』には権経を閣いて実経に就くことを明す証文として「十の証文」を挙げている。まず第一に「但楽レ受二持大乗経典一乃至不レ受二余経一偈一」（譬喩品、講本2三九）第二に「依二了義経一不レ依二不了義経一」（涅槃経）を挙げている。第三・四には末代においては四十余年の持戒なく、ただ法華経を持つを持戒となすことを明し、次いで第五に多宝如来の証明・第七に釈迦如来の誓、第八に多宝・十方諸仏来集の意趣の、それぞれの文を掲げている。今、それらのうち三仏に関する経文を再録すれば次の通りである。

〔多宝証明〕「法華経第四ニ云ク（爾時宝塔中出二大音声一歎言　善哉善哉釈迦牟尼世尊　能以二平等大慧教菩薩法仏所護念（妙法華経一為二大衆一説、如レ是如レ是　釈迦牟尼世尊　如二所説一者）皆是真実」（見宝塔品、講本4三四－三五）

〔釈迦如来の誓〕「我滅度ノ後後ノ五百歳ノ中ニ（広二宣流三布）於閻浮提一無レ令二断絶一」（薬王菩薩本事品、講本7三四）

〔多宝並に十方諸仏来集の意趣〕「（聖主世尊雖二久滅度一在二宝塔中一尚為レ法来　諸人云何不二勤為一レ法　此仏滅度無央数劫　処処聴レ法以レ難レ遇故　彼仏本願我滅度後　在在所往常為レ聴レ法　又我分身無量諸仏　如二恒沙等一来欲三聴レ法　及見二滅度多宝如来　各捨二妙土及弟子衆　天人竜神諸供養事）令二法久住一故来二至此一」（見宝塔品、講本4四四－四五）(14)。

次に、三仏所説・証明と滅後との結びつきが佐後に至って見られるのであるが、法華経において殊更に多宝如来の証明、十方分身諸仏の讃歎（助舌）、或は地涌の菩薩が涌出したのは誰のためであったのか。一般には法華経は在世の弟子等を対告として説かれたと理解されているが、仏在世の弟子等に何故にこのような証明・讃歎等が必要であったのか。経文に「況ンヤ滅度ノ後ヲヤ」といい「令法久住」とあることからすれば、これは末法の我等の為であり、天台大師・伝教大師は今の末法を恋慕されていたのであると次のように述べられている。

仏ノ在世ニハ於テモ二一人ニ一無智ノ者無レ之。為ニレ晴サンカ二誰人ノ疑ヲ一多宝仏ノ借リ二証明ヲ一諸仏出シレ舌ヲ召サン二地涌ノ菩薩ヲ一乎。方方ニ以テ無キレ謂事也。随チ経文ニ況滅度後・令法久住等云云。以二此等ノ経文一案スルレ之ヲ偏ニ為ナリ二我等カ一。随テ天台大師指二当世一云　後五百歳遠沾妙道。伝教大師記二当世一云正像稍過已テ末法太タ有レ近等云云。末法太有レ近ノ五字ハ我世ハ非ストニ法華経流布ノ世ニ一云フ釈也。（『法華取要抄』　定遺八一五頁）

このように、聖人の法華経行者意識昂揚に向う内在的論理に多宝如来・十方諸仏の証明・讃歎・地涌菩薩の涌現がとりあげられているが、後述するように、聖人において三仏は実在仏であり、その金言・証明が今末法の衆生のためになされたという信仰的境地は聖人の本尊観とも大きな関わりをもっているものと考えられるのである。聖人の「仏の未来記を顕わす」という誓願は、法華経が在世の弟子等のためにではなく、滅後の衆生のためであるという領解に発し、まさに法華経を『仏の未来記』として領受する信仰であり、それは三仏所証ということによって大きく支えられているものだからである。

第三項　帰依処としての三仏

聖人が法華経一切経を披見して真実の仏語を求めた所以は、言うまでもなく末法における依止処としての仏語を求めるためであった。佐前の『守護国家論』が、浄土教を批判しつつ法華経の精髄を示すために三仏の教説・証明・讃歎を強調しているのもむべなるかなである。当然、『国家論』においても三仏の帰敬を述べるのであるが、それが実体として受けとられ表現されるのには『開目抄』『観心本尊抄』を待たなければならないのである。まさに佐渡で書かれた主要著述のなかに聖人の受難体験が実教的実存として昇華したヴィジュアルな世界があり、そこにこそ大曼荼羅図顕が必須となってくるのではなかろうか。

それでは、佐前の『守護国家論』では三仏に対する帰敬はどのように述べられているであろうか。一言にして言うならば、三仏は「善知識」としてとらえられていると言えよう。

釈迦・多宝・十方ノ諸仏・普賢菩薩等ハ我等カ善知識也。若依ラハ二此義ニ一我等モ亦宿善勝レタリ二善財・常啼・班足等ニモ一。彼ハ値ヒ二権教ノ知識ニ一我等ハ値フナリ二実経ノ知識ニ一。彼ハ値ヒ二権教ノ菩薩ニ一我等ハ奉レハナリレ値ヒ二実経ノ仏菩薩ニ一

涅槃経云　依法不依人依智不依識已上。（定遺一二四頁）

この文は大文の第五（明レ難レ値二善知識並真実法一）の第三（正明下為二末代凡夫一善知識上）であるが、このような表現の前提として仏教における善知識論があることは言うまでもない。仏教史をひもとけば、仏在世において善財童子は普賢・文殊・観音・弥勒等五十余の知識に遭い、常啼・班足・妙荘厳・阿闍世等は曇無竭・善明・耆婆・二子・夫人に値い奉って生死を離れたが、これらの知識はそれぞれ皆大聖と称せられる人である。しかし仏陀入滅の後、このような師を得ることができず、また仏滅後の知識である竜樹・天親、南岳・天台の指導に値うこともなき我等末代の凡夫は如何にして生死を離るべきかという難問である。それに対して聖人は「於二末代一有二真実ノ善知識一。所謂法華・涅槃是也」（定遺一二三頁）とする。しかし一般には善知識とは人を指すのであるのに、法をもって知識となす証拠は何かという問いに対し、「答云以レ人為二知識一常ノ習也。雖レ然於二末代一無シ二真ノ知識一以レ法為二知識一有二多クノ証一」（定遺一二三頁）といい、更に、法華経は真実の仏語・仏

意であって、法華経を受持するものは釈尊を供養することとなり、法華経は釈迦牟尼仏そのものであることを明すのである。

又云ク　若有ン七受二持シ読三誦正四憶念シ修五習シ書六写スルコト是法華経ヲ一者　当ニレ知ル是人ハ則見ルナリ二釈迦牟尼仏ヲ一。如シ下従リ二仏口一聞クカ中此経典ヲ上。当ニレ知ル是人ハ供二養スルナリ釈迦牟尼仏ヲ一已上。見ルニ二此文ヲ一法華経ハ釈迦牟尼仏也。不ルレ信セ二法華経ヲ一人ノ前ニハ釈迦牟尼仏取リ二入滅ヲ一　信スル二此経ヲ一者ノ前ニハ雖モレ為リト二滅後一仏ノ在世也。

又云ク　若我成仏シテ滅度之後於テ二十方ノ国土ニ一有下説ク二法華経ヲ一処上　我之塔廟為ノレ聴カンカ二是経ヲ一故ニ涌二現シテ其前ニ一為ニ作ン二証明ヲ一已上　此ノ文ノ意ハ我等唱ヘハ二法華ノ名号ヲ一多宝如来本願ノ故ニ必来リタマフ。

又云ク　諸仏ノ在テ二於十方世界ニ一説クヲレ法ヲ尽ク還シテ集メタマフ二一処ニ一已上。（以上定遺一一二三頁）

以上のように、法華経を信受することがすなわち末法において現前の釈迦牟尼仏に帰敬することであり、法華経に帰敬すれば多宝如来の本願のゆえに必ずそこに現前し、十方の諸仏もまた現前されるのである。（普賢菩薩の守護もそれにともなうものである。）そして、「法華経は釈迦牟尼仏なり」としながらも、多宝・十方諸仏の現前が一体的にあるものだという説明であることに注意せねばならないであろう。そこに、後年「法華経・釈迦仏」を一体のものとして表現するに至る必然があるのではあるまいか(15)。したがって聖人が帰敬の対象として法華経を語るとき、それは釈迦牟尼仏と一体なのであり、また多宝如来・十方諸仏の本願を具足した相なのである。

そのことは同じ文段のなかで、聖人が在世滅後の一切衆生の善知識は法華経であると語っていることによっても窺えることなのであって、聖人において帰敬の対象が「法華経」とも「釈迦牟尼仏」であるとも「釈迦・多宝・十方諸仏」とも表現できるものであったのではあるまいか(16)。このような仏陀の実在こそ我等末代の凡夫がこの世に生かしめられる救済の論理の根幹をなすものであり、法華修行者のめざすべき浄土が此土を離れて存在しないことを明らかにするものであろう。

問云　法華経修行ノ者可レ期二何レノ浄土一ヲ耶。
答曰　法華経二十八品ノ肝心タル寿量品云　我常在此娑婆世界ト。亦云ク我常住於此ト。亦云ク我此土安穏文。
如二此文一者本地久成ノ円仏ハ在二セリ此世界一ニ。捨二此土一可レ願二何レノ土一ヲ乎。故ニ法華経修行ノ者ノ所住ノ之処ヲ
可レ思二浄土一ト。何ソ煩シク求二他処一ヲ乎。故ニ神力品ナリト云　若経巻所住之処……当レ知是処即是道場。涅槃経
云……是大涅槃微ノ妙経典所二ラル流布一セ処ハ当レ知其地ハ即是金剛ナリト。……已上（定遺一一二九頁）

このように、法華経と一体的に説かれる釈迦仏・多宝如来・十方諸仏の実在は佐後の『法華取要抄』にも比定されるべきものであり、『守護国家論』においてこのように説述されていることは注目せねばならないであろう。

ところで、このような説述は、その後『開目抄』に至るまであらわされないのである。『国家論』においては法華経＝三仏が末代の我等の善知識とされていたのに対し、『開目抄』においては地涌上行等の四菩薩が善知識とされ、三仏の世界がより尊高なものとして説述されているのである[17]。『国家論』における三仏観は、値難によって昇華した行者意識とともに、大きく飛躍したと推考されるのである。そしてまた、文永十年五月に執筆された『顕仏未来記』において仏陀の未来記を今、日蓮が実現し得たという喜びを術べているが[18]、『開目抄』にはじめて「三仏の未来記」[19]という表現が見られることは注目に値いしよう。

「三仏」という表現は身延入山後にも用いられているが、この表現が佐渡において己心中所行の法門として説かれた中心遺文たる『開目抄』『観心本尊抄』に集約的に用いられていることは、そこに聖人の法華経色読の最高潮に昂まった宗教的境地における仏陀観の表白として受けとれる。まさに末法の衆生の救済を集約的におさめている仏陀の実感的認識が「三仏」という表白となったと考えたい。

そこで、佐渡期の遺文を見ると、『開目抄』が撰述された文永九年の五月五日に「土木殿人々御中」へ送られた『真言諸宗違目』は、日蓮聖人が法華経の行者であるにもかかわらず、流謫されて赦免を受けないことを歎く

人々に対し、軽率な行動を誡めるとともに、諸宗の教が仏陀の真実に違背していることを重ねて述べたものであるが、そのような状況の下で、三仏の未来記を自身が読まれたという確信は、『開目抄』と一貫するものであろう[20]。

『真言諸宗違目』より二十日後、文永九年五月二十五日に『日妙聖人御書』が書かれている。ここでは、釈尊の久修業がさまざまに語られている。十二年間諸国に如来の教法を求め、皮・骨・髄血を紙・筆・墨・水として一婆羅門の教法を書きしるして忽に仏となった楽法梵志の例、また雪山童子の前生譚を挙げ、更に薬王菩薩・不軽菩薩等の例を挙げてそれらはすべて釈尊の前生であり、その久修業所得によって教主釈尊となったことを明らかにし、このような釈尊の説かれた妙法蓮華経の功徳を述べて次のように言う。

　然ルニ妙法蓮華経は八巻なり。八巻を読メば十六巻を読なるべし、釈迦・多宝の二仏の経なる故へ。十六巻は無量無辺の巻軸なり。十方ノ諸仏ノ証明ある故に一字は二字なり、譬ば如意宝珠の玉は一珠なれども二珠乃至無量珠の財をふらすことこれをなじ。法華経の文字は一字は一字は一ノ宝、無量ノ字は無量宝珠なり。(定遺六四四頁)

『本尊抄』末文において、「三仏の未来記」を具現せねばならぬという文意を示されるとともに、同『副状』には富木氏に宛てて

　仏滅後二千二百二十余年未レ有二此書ノ心一。不レ顧ミ二国難ヲ一期シテ二五々百歳ヲ一演二説之ヲ一。乞願クハ歴ルノ二一見ヲ一来輩、師弟共ニ詣テ二霊山浄土ニ一拝二見シタテマツラン三仏ノ顔貌ヲ一。(定遺七二一頁)

と語られている。最初にも述べたように、「霊山浄土に詣でて三仏の顔貌を拝見したてまつらん」というところに、聖人が自身のすべてを帰命する絶対の仏陀観と帰入すべき窮極の浄土観とが示されている。したがって「三仏の未来記」は単なる大法広布の指標ではない。聖人が上行菩薩の自覚に体達されたとき、三仏の勅命は厳然と

して実在する三仏への帰命にかかわる使命達成であった。そこに、実在の三仏のみそなわし（包摂）をひしひしと実感する聖人の信仰的実存の境地があり、そこにこそ霊山浄土の実在があるのである。「三仏の未来記」具現はそのように昇華した聖人の境地から理解されなくてはならないであろう。『本尊抄』末文の

此時地涌千界出現シテ本門ノ釈尊ノ為リテ二脇士ト一、一閻浮提第一ノ本尊可レ立二此国ニ一。月支・震旦ニ未レ有ラ二此本尊一。……此菩薩蒙リテ二仏勅ヲ一近ク在リ二大地ノ下ニ一。正像ニ未二出現セ一。末法ニモ又不二出テ来リタマハ一大妄語ノ大士也。三仏ノ未来記モ亦同シ二泡沫ニ一。以テレ此ヲ惟フニレ之ヲ無キ二正像ニ一出来ス二大地震大彗星等一。此等ハ非ス二金翅鳥・修羅・竜神等ノ動変ニ一。偏ニ四大菩薩可キレ令ム二出現ヤ一先兆ナル歟。（定遺七二〇頁）

との文言は、『副状』における三仏への絶対帰命と併せ考えれば、「三仏の未来記」を泡沫に同ずるようなことがあってはならないという聖人の帰命のありようがよみとれるのである。「地涌千界出現して本門の釈尊の脇士となる」というとき、地涌千界とは聖人自身なのであり、本位に居して我等を見そなわしている生身の妙覚の仏（定遺　八一四頁）すなわち釈尊の脇士に、聖人自身が地涌千界たる脇士となって、そして、「一閻浮提第一の本尊」を此国に立てなければならないという必然性とその実現の決意となるのではあるまいか。そのような教主釈尊の能動性から発する地涌の菩薩の行業は、実は単に教主釈尊のみに帰せられるのではない。常に教主釈尊・多宝如来・十方分身諸仏によって法華経の永遠性と殊にそれが滅後末法に向けて説述確定せられたる宝塔品虚空会上のあの会座に還帰し、その原点からの出発を確認せねばならないのである。そこにこそ「三仏の未来記」がある。真実の教説たる法華経、それは三仏によって確定せられたものであり、教主釈尊と雖も決して変更できぬものなのである。その法華経の世界こそ、在世宝塔品の三仏によって滅後末法の救済を確定せられたという意味で、「未来記」たり得るのである。『顕仏未来記』末文の「但し今、夢の如く宝塔品の心を得たり」（定遺七四二頁）とはこのことの厳粛な信仰的実感と推察することができよう。この点にこそ「三仏」の強調せられるゆえんがあ

るのではなかろうか。この点より見れば単なる教主釈尊の教説であってはならないのである。単なる釈尊の教説では阿弥陀経等と峻別することはできない。この点に、第二項で述べた「已今当」の教判と「三仏」とのつながりが、実は「三仏」の実在と密接にかかわり、また「本尊」の根本的原理となるということがあるのではなかろうか。すなわち、『本尊抄』能観段において難問を会して正しく仏種の妙法蓮華経の観心を明して(21)、

私ニ加ヘ二ハ会通一ヲ如レシ黷スカ二本文一ヲ。雖レ尓リト文ノ心ハ者釈尊ノ因行果徳ノ二法ハ妙法蓮華経ノ五字ニ具足ス。我等受二持スレハ此五字一ヲ自然ニ譲二リ与ヘタマフ彼ノ因果ノ功徳一ヲ。(定遺　七一一頁)

と言われるのであるが、四大声聞の領解の文「(我等今日聞仏音教歓喜踊躍得未曽有仏説声聞当得作仏)無上宝珠(原文、聚)不求自得」(信解品、講本2五一)をもって「我等が己心の声聞界」とし、「(我本立誓願。欲令一切衆)如我等無異。如我昔所願今者已満足。化一切衆生皆令入仏道」(方便品、同1四二)をもって「妙覚ノ釈尊ハ我等カ血肉也。因果ノ功徳ハ非スカ二骨髄一ニ乎」(定遺七一一頁)の結論を導出し、次いで宝塔品の「其有三能護二此経法一者則為供二養我及多宝一乃至亦復供下養諸来化仏荘二厳光三飾諸世界一者上等云云」の文を引いて、

釈迦・多宝・十方ノ諸仏ハ我カ仏界也。継二紹シテ其跡一ヲ受二得ス其功徳一ヲ。須臾聞之即得究竟阿耨多羅三藐三菩提トハ是也。(同七一二頁)

と述べている。次いで、「寿量品云　然我実成仏已来無量無辺百千万億那由他劫等云云」をもって「我等已心ノ釈尊ハ五百塵点乃至所顕ノ三身ニシテ無始ノ古仏也」とし、「経云我本行菩薩道所成　寿命今猶未尽復倍上数等云云(寿量品)」をもって「我等カ己心ノ菩薩等也。～地涌千界ノ菩薩ハ己心ノ釈尊ノ眷属也。…」(同七一二頁)とする。

これによれば、四大声聞が声聞と雖も仏陀となれるという領解をなして歓喜踊躍しているが、それは方便品に示される如く、釈尊の「一切の衆をして我が如く等しくして異なることなからしめん」という本願に感激したものであり、それはすべての有情に及ぶものであった。しかもそれは法華経を持つことによって可能となるのであ

る。法華経の受持は釈迦・多宝・十方諸仏を供養することであり、それは「我が仏界」たる三仏の跡を継紹してその功徳を受得することとなる。

そして、その釈尊は単に客体仏にとどまるのでなく、「我等が己心の釈尊」がすなわち「五百塵点乃至所顯の三身」であり、「無始の古仏」なのであり、しかも仏陀釈尊において「我れもと菩薩の道を行じて成ぜし所の長い寿命」があるとは、すなわち「我等が己心の菩薩」をあらわすとともに、それは地涌千界の菩薩に見る如く、「己心の釈尊の眷属」なのである。

この表現は能観段のそれであって、客体的な仏陀をあらわそうとするものではないが、『本尊抄』末文の「不ルレ識ラ二一念三千ヲ一者ニハ仏起シ二大慈悲ヲ一五字ノ内ニ裹ミ二此珠ヲ一令シメタマフ懸サ二末代幼稚ノ頸ニ一。四大菩薩ノ守二護シタマハンコト此人ヲ一大公周公ノ摂二扶シ成王ヲ一四皓ガ侍二奉セシニ恵帝ニ一不レル異ラ者也」（定遺七二〇頁）という、四大菩薩が、末代幼稚の者と雖も、法華経受持者を守護するというのは、法華経受持者即釈尊の体現者であるからである(22)。

以上の文意が能観段のものであるとはいえ、すぐ所観段の大曼荼羅図顕の様相の叙述に連続することに注意せねばならない。そこで、「釈迦・多宝・十方ノ諸仏ハ我ガ仏界也」「我等ガ己心ノ釈尊ハ五百塵点乃至所顕ノ三身ニシテ無始ノ古仏也」という表現は、われわれが至るべき仏界として表現されたものであり、大曼荼羅図顕形式と考え合せて、三仏が大曼荼羅の中核をなすものであることが分る。ただしその三仏は、釈尊の表現としての三仏ともいえるようなもので、釈尊中心を否定するものではなく、釈尊の全貌を示すものとしての表現なのである。

そのような釈迦牟尼仏の絶対性と三仏の一体性は、実は釈迦牟尼仏が法華経と一体であるということに発する。法華経は偶然説かれたものでなく、仏陀の所説の究竟するところに説かれなければならない必然をもっているものであるとともに、逆に仏陀は法華経によって久遠であり遍満であり得るという関係にある。少くとも、三仏の表現から見て、大曼荼羅についての叙述はそのような点から追究されなければならないであろう。(23)

所観段において末法為正を証するなかで、宝塔品の末に滅後に法華経を弘宣するものを募ったときのありさまをえがいて、

設ヒ雖モレ為リト二教主一仏一奨二勧シタマハハ之ヲ一薬王等ノ大菩薩・梵・帝・日・月・四天等ハ可キレ重スレ之処ニ、多宝仏・十方ノ諸仏為テ二客仏ト一諫二暁シタマフ之ヲ一。諸ノ菩薩等ハ聞テ二此ノ慇懃ノ付属ヲ一立ツ二我不愛身命ノ誓言ヲ一。此等ハ偏ニ為レ叶フカ二仏意ニ一也。（定遺　七一五頁）

と述べていることによっても、多宝・十方諸仏の証明は単なる証明者にとどまるのではなく、三仏の実在・遍満ということと密接に関連するものであることが納得できるであろう。

『開目抄』における「三仏の未来記」の顕現への昂揚、『本尊抄』における本尊の尅体としての三仏への帰命が、この上なく昂まった聖人の宗教的境地の表白として語られているのに対し、以後においてはそのような昂まった表現が見られないのは何故なのであろうか。（その一つの理由として考えられるのは、『開目抄』『本尊抄』における三仏への帰命こそ大曼荼羅本尊図顕の跳躍台であったものであろうか。）

たとえば、『顕仏未来記』（文永十年五月十一日）には、値難によって無始の謗法を滅することを幸いとし、未だ見聞せざる教主釈尊に侍へ奉ることを悦びとした境地を語って、「但シ今如クレ夢ノ得タリ二宝塔品ノ心ヲ一」（定遺七四二頁）と述べるのであるが、それは宝塔品における六難九易を指すものだとされているようである。（それは、なお前述の『開目抄』『本尊抄』の心から解釈の可能性を深って見る必要を感じるのであるが。）

また『波木井三郎殿御返事』（文永十年八月三日）には叡山の戒壇に対し、「但シ仏滅後二千余年、三朝之間ニ数万ノ寺々有レ之。雖レ然本門ノ教主ノ寺塔　地涌千界ノ菩薩ニ別ニ所ノ二授与シタマフ一妙法蓮華経ノ五字未レ弘二通セ之ヲ一。有二経文一無二国土一。時機未レ至故歟」（定遺七四八頁）とあるのみであるが、「本門の教主の寺塔」の内容には恐らく三仏もかかわるものであろう。しかし、そのことの叙述はない。

そういった意味で、『開目抄』『本尊抄』と『顕仏未来記』『法華取要抄』等の間に逕庭が認められるのではなかろうか。

さて、『本尊抄』以後、三仏の「知見」「御計」についての叙述が見られるのであるが、「三仏」のみが挙げられているのは、『窪尼御前御返事』（同一九〇〇頁・弘安四年）に、『辨殿尼御前御書』（定遺七五二頁・文永十年九月）「定メテ釈迦・多宝・十方分身の諸仏も御知見あるか」（同七五二頁）のほか、「此は日蓮を御くやう（供養）は候はず、法華経の御くやう（供養）なれば、釈迦仏・多宝仏・十方の諸仏に此功徳はまかせまいらせ候」（同一九〇〇頁）等とある。それに対し、他は諸仏・諸菩薩等の表現が付随しており、大曼荼羅理解と密接な関連をもっているように思われる。例えば次のような例がある。

釈迦仏・多宝仏・十方の諸仏乃至梵王・帝釈・日月等だにも、ふびんとをもわれまいらせなば、なにくるし。法華経にだにもほめられたてまつりなば、なにかくるしかるべき。……（御布施を）釈迦仏・法華経・日天の御まえに申あげ候ぬ。（『四条金吾殿女房御返事』定遺　八五七頁）

『撰時抄』（定遺一〇〇七頁、一〇五五頁）『光日房御書』（同一一五四頁）、『下山御消息』（同一三四二頁）、『千日尼御前御返事』（同一五四四頁）等のように、聖人の法華弘通上の法華色読の体験を回顧した中に見られる表現があるが、それはこれらの撰述を与える対告に対しての信仰の指導として語られているのであるから、三仏をはじめとする諸仏・諸菩薩・諸尊等の法華経世界の共感を前提していると言えるであろう。今の「与四条金吾女房書」のような表現は『兄弟抄』（同九三三頁）、『上野殿御返事』（同一四九二頁）等にも見られるが、三仏等への帰命を如実にあらわしていると言えよう。そこに諸尊等を列挙するにしても三仏を中心とし、諸仏・諸尊等の列名は加護の面をあらわしていると考えられよう。

第四項　三仏の加護について

われわれの依処たる三仏は、我等の目指す仏界の実在であり、その故に、諸菩薩・声聞・諸尊・諸天等が三仏に帰敬するのであって、三仏の仏前に誓言した諸尊は法華経の行者を守護する責務を生ずるのである。したがって大曼荼羅はわれわれの帰敬の対象であるとともに、滅後末法の法華受持者を擁護するのである。

三仏の守護を説くのも、このような観点からであって、三仏が別個にあるのではない。しかし、同時に諸尊の守護というも、その中核は三仏であることを証明するものであることを確認することは重要であろう。『守護国家論』には

法華経ハ釈迦牟尼仏也。……信スル二此経ヲ一者ノ前ニハ雖モレ為リト二滅後一仏ノ在世也。……我等唱ヘハ二法華ノ名号ヲ一多宝如来本願ノ故ニ必来リタマフ。……釈迦・多宝・十方諸仏・普賢菩薩等ハ我等カ善知識也。（定遺　一二三―四頁）

とあり、三仏の加被を説いているが、それは「善知識」という表現にとどまるものであろう。文永九年の『四条金吾殿御返事』に、「此法華経の一字の功徳は、釈迦・多宝・十方諸仏の御功徳を一字におさめ給フ。たとへば如意宝珠の如し。……如意宝珠と申スは釈迦仏の御舎利也。……一切衆生をたすくる珠となる也」（定遺六六五頁）とあるも、その「御功徳」なる加被は未だ加護には至らない。

法華経＝教主釈尊＝三仏への献身をもって仏語を具現した聖人の三仏との交流の昂まりは、『開目抄』『本尊抄』において至上の相を現じ、それがやがて「大曼荼羅」図顕となるのであろうが、滅後末法の「日本国にして此法門を立ハは大事」（定遺一〇六一頁）なのであり、畢竟、三仏の加被に負うものであることを如実に表現しているのは『撰時抄』（建治元年）末文である。

霊山ノ浄土ノ教主釈尊、宝浄世界の多宝仏、十方分身ノ諸仏、地涌千界の菩薩等、梵・釈・日・月・四天等、冥に加し顕に助ヶ給はずば、一時一日も安穏なるべしや。（定遺　一〇六一頁）

ここに至って、聖人は自己の信仰的存在の自覚を客観化し得たのではあるまいか。

身延入山の後において、聖人は自身の行蹟の回顧のうちに、仏語の顕現は三仏の帰命によるものであることを説き、それを現時点に及ぼしている。

釈迦・多宝・十方分身ノ諸仏の或は共に宿し、或は衣を覆はれ、或は守護せんと、ねんごろに説ヵせ給ヒしをも、実歟虚言歟と知リて信心をも増長せんと退転なくはげみし程に、案にたがはず、去ヌル文永八年九月十二日に……（『下山御消息』定遺　一三三二頁、建治三年）

しかし、身延入山後においても聖人の身辺が安泰になったわけではなく、家族の不幸をもった上野氏や朋輩の讒言によって主君との間に問題を生じた四条氏、或は熱原法難についての対処等があった。それらに対して、聖人は三仏への帰敬をくり返し説いている(23)。

ところで、法華経＝釈迦牟尼仏の表現は、すでに、『守護国家論』に見えるとはいえ、『上野殿御返事』には、仏の帰敬よりも法華経への帰敬がすぐれているといい、法華経への供養なる故に三仏が守護せられると言う表現に注意をひかれる。同抄末文には「釈迦仏・法華経の御そら事の候べきかと、ふかくをぼしめし候へ」とあり、三仏への帰敬と「釈迦仏・法華経」への帰敬とは同一事である。また、『檀越某御返事』にも、法華経が日蓮をあながち弱い行者と認識するようなことはないであろうから、三仏並に地涌千界の御利生を見究めようというのであって、ここでも法華経＝三仏である。この点、別述の通り、「釈迦仏」・「法華経」という表現が身延期後期に増えていることが何故であるのか検討する必要のあるところである(24)。

なお、このことは弘安期の大曼荼羅が「分身諸仏」「善徳仏」をはずしていることとかかわって、聖人の本尊観に微妙な変化のあったことを示すものであろうか(25)。

第五項　小　結

以上、大曼荼羅の中核である三仏について、遺文中の「三仏」に関する叙述を検討してきたが、次のことが要約できるであろう。

まず第一に、「三仏」は『守護国家論』以来、聖人の帰依の仏界、滅後の善知識として説かれていることである。しかも、値難によって法華経色読の自覚を深めることによって、いちじるしく内省的な深い宗教的境地において、三仏への帰命は眼前の帰依処としていよいよ実体が顕現され、『開目抄』『本尊抄』における仏語（仏陀の未来記読不の検証と滅後における「観心」のありようの適示とあいまって、大曼荼羅の図顕となるものと思われるのである。）

第二に身延期における聖人自身の客観化のなかで、『撰時抄』末文の如き信仰告白があるとともに、大曼荼羅図顕様式の整備がすすみ、弘安期に入ると「十方分身諸仏」は「善徳仏」とともに大曼荼羅から姿を失う。この間において、「三仏」中「十方分身諸仏」はどのような意義をもっているのかについては、稿を改めて考察したい。

第三に、「三仏」への帰依は、つねに法華経の帰依と一体である。すなわち、教主釈尊は法華経の実在と一体であってはじめて主師親三徳具備であり得るのである。法華経なき釈尊は爾前の釈尊として否定されねばならない。とすれば、釈尊の絶対性は法華経の絶対性が証明されることと相俟たねばならない。法華経が三世諸仏の究極の法であり、教主釈尊において已今当三説超過の教説が説かれたとき、それを証誠したのが、法華経の説かれけて讃歎を加えたのである。

このような証明、讃歎は、法華経が「三世諸仏説法の義式」（方便品）によって説かれるという、仏教究極の所説であることとかかわっているのであり、法華経の永遠なることと、「以テ二本門ヲ一疑ハハレ之。教主釈尊ハ五百塵点已前ノ仏也」（『本尊抄』定遺、七〇七頁）という教主釈尊の久遠なることとが深くかかわって、ある意味では能所一体の相となるとも言えるのである。

そこに、久遠にして普遍なる（要するに本来所与のものとして）法華経の能説者・証明者・讃歎者の具足を俟って、はじめて法華経は法華経としての相を示し、教主釈尊は久遠の本仏なることを顕示することができるという構成が生れるのである。そのような法華経の受領と相俟って三仏が大曼荼羅の中核たる仏界として帰命されるゆえんがあり、またその永遠性・久遠性を俟って滅後末法の衆生を救済することができるのである。（このような構成においてこそ釈迦仏も法華経の行者として措定されるに至るのである。）

第四に、このような三仏の関係であるにしても、教主釈尊は此土有縁・主師親三徳具備の仏陀であるのに対し、多宝如来は東方の無量千万億阿僧祇の世界たる宝浄国より来れる如来であり、また分身諸仏は十方の国土より来れる仏陀である。そこに、此土＝娑婆世界の衆生は釈尊を教主と仰ぐ所以がある。その此土有縁の釈尊の強調が一尊四土本尊の形態を生み出すものであろう。しかし、上述のように、釈尊は法華経あっての釈尊であり、三仏具備して久遠性・普遍性が証明できるものと推考されるのである。

註

（1）定遺五七八頁以降に「諸学が本尊を見失う」のを批判している。

（2）望月歓厚「日蓮聖人の本尊について」（『大崎学報』一〇四号所収）、宮崎英修「遺文における『法華経』の語義について」（『日蓮聖人研究』所収）

（3）法本尊・人本尊の論争が微妙であるので、この節では特に遺文に真蹟が存するものには〈真〉、真蹟断片が存するものには〈断〉、真蹟が曽って存したものには〈曽〉、白蓮日興の写本があるものには〈興〉の記号を付した。

（4）例としては『日眼女釈迦仏供養事』『新尼御前御返事』等があげられる。

（5）山中喜八編『御本尊集目録』（立正安国会発行）第七一・七二

（6）茂田井教亨「三仏の本願」（「法華」第五五巻一一・一二号）参照

（7）定遺一三三三頁等の諸遺文にみられる。

（8）撰時抄　定遺一〇〇五頁

（9）守護国家論　定遺九九頁

（10）同　定遺一〇〇頁

（11）「釈迦ノ如来ノ内証ハ皆尽二マシタマフ此経一。其上於二多宝並十方諸仏来集庭一証二釈迦如来ノ已今当ノ語一。無卑二クセスシト下如二法華経一経上定了。而ルニ多宝・諸仏還二本土一後、但釈迦一仏ノミ存二シテ異変一ヲ還テ説二涅槃経一法華経一ヲ者誰人カ信レ之。深ク存二此義一随見二ルニ涅槃経ノ第九一ヲ流二通シテ法華経一ヲ日ク……」（守護国家論、定遺一三一頁）

（12）守護国家論、定遺一三五頁。なお、同意の文が観心本尊抄（定遺七一七頁）にも見られる。

(13) 定遺九〇六頁。なお上野殿御返事（定遺一四九〇－一頁）等にも同意の文がある。
(14) 定遺九五－七頁
(15) 第三章第一節参照
(16) 守護国家論、定遺一二九頁参照。
(17) 定遺五七三頁
(18) 同　七四一頁
(19) 同　六〇八頁等、なお五七三頁、五九〇頁、五九三頁等参照。
(20) 「無二クハ日蓮一者釈迦・多宝・十方諸仏ノ未来記ハ当二大妄語一也」、定遺六三九頁
(21) 『日蓮大聖人御遺講義』第三巻二二〇頁参照。
(22) 大公・周公旦等の表現は七一二頁にもある。
(23) 上野殿御返事（一四五一頁）、変毒為薬御書（一六八三頁）
(24) 註（15）参照
(25) 大曼荼羅については、山中喜八「日蓮大聖人大曼荼羅図集」（大崎学報一〇二号）。なお、その変遷については別に考究したい。

第四章　日蓮教学における闡提成仏と謗法の問題

日蓮聖人は『観心本尊抄』において、教主釈尊が末代の機を憐み、南無妙法蓮華経の五字七字をもって「末代幼稚の頸」に懸けさしめられたことを明らかにしている。ここに象徴されるように、日蓮教学の焦点は末代の衆生を不信謗法の者と規定し、それらに対する仏教の救済があるのか、またどのようにあるのかを究明し、具現することにあった。これは仏教教学史の上から見れば闡提成仏の問題であるといえよう。このような視点に立つとき、聖人の唱題成仏か、しからずんば謗法堕地獄かという二者択一の論理が納得されるのである。そこで、本章では、叙上でも若干ふれてはいるが、日蓮教学において本尊が確定された上での信・不信の問題を考えるために、地獄観・仏種論という二方面から謗法否定の論理について考察し、唱題専修という信行論の背景にある教義構成を明らかにしたいと思う。（なお、聖人滅後の唱題の解釈と実践については副論文『日蓮宗信行論の研究』で考察した。）

第一節　地獄観と謗法

周知の通り、日蓮聖人は四箇格言を標榜して諸宗を否定した。日蓮聖人をして、「如かず、彼の万祈を修せんより此の一凶を禁ぜんには(1)」と言わしめたのは、あらゆる罪のうちで正法を誹謗することこそ最も重き罪であるという謗法脱却の論理であろう。筆者も先に論じたことがあるように(2)、聖人滅後において謗法の論理は逆化折伏のための前提におかれ、宗教的実存的な面は体験を通して体得されたではあろうが、改めて論じられることがなかった。しかし、聖人御自身において謗法の論理は仏教体系把捉の基本であったのであり、そして、それは民衆の実感的な宗教心情と考え合せるならば、随獄への道からの脱却と密接に関連していたのではなかろうか。

随獄への恐れは宗教書においてしばしば強調されるが、しかし、地獄のイメージについては、考察された機会が少ないように思われる。そこで、聖人における地獄のイメージを考察しながら、謗法と随獄をめぐる点について覚え書きを述べてみよう(3)。

第一項　謗法と随獄

まず、謗法が随獄の問題と関連して語られていることについて述べてみたい。

日蓮聖人は御自身のなしとげた功積をどのように語っておられるかを思うとき、直ちに思い起されるのは『報恩抄』の末文である。即ち、聖人は旧師道善房逝去の訃報を聞いて、三国仏教史を回顧しつつ、聖人こそ真実の報恩を為しとげられたことを次のように語っておられる。

日蓮が慈悲曠大ならば、南無妙法蓮華経は万年の外未来までもながるべし。日本国の一切衆生の盲目をひらける功徳あり。無間地獄の道をふさぎぬ。此ノ功徳は伝教・天台にも超へ、龍樹・迦葉にもすぐれたり。極楽百年の修行は穢土《えど》の一日の功に及ばず。正像二千年の弘通は末法ノ一時に劣るか。（定遺一二四八―九頁）

つまり、日蓮聖人の本門法華経の救済の開顕によって、日本国のすべての衆生の盲目を開いたことが聖人の功績（功徳）であって、それはなによりもすべての衆生が無間地獄へ向おうとする道を閉じたことにあるというのである。ここに結論的に示されているように、聖人の宗教の根底には、絶えず無間地獄に堕する道とのたたかいがあったことが痛感されるものである。事実、聖人の遺文の毎頁といってよいほどに堕地獄の拒否が論じられていることは、この文意と符合するのであろう。

したがって、謗法否定による堕獄の拒否の論理はあらゆる遺文に示されているといってよいであろうが、それは既に聖人の活動初期の『立正安国論』に示されている。同書に於て、第一に浄土教の仏教観を否定する理由を示して、

近クハ背キ二所依ノ浄土ノ三部経ノ唯除五逆誹謗正法ノ誓文一ニ、遠クハ迷フ二一代五時之肝心タル法華経ノ第二ノ若人不信毀謗此経乃至其人命終入阿鼻獄ノ誡文一ニ者也。（定遺二一六頁）

と述べられている。第二には、正法に帰依するためには謗法を貴ぶことがあってはならないことを論断し、経典を列挙して正しき進路を示されている。

若執心不レ飜ラ亦曲意猶存セハ早ク辞シテ二有為之郷一ヲ必堕チナン二無間之獄一ニ。所以者何。

大集経ニ云ク　若有リ二国王一於テ二無量世一ニ修ストモ二施戒恵一ヲ　見テ二我法ノ滅一センヲ捨テテ不ンハ二擁護一セ　如クレ是ノ所レノ種フル無量ノ善根悉ク皆滅失シ　乃至其王不シテレ久カラ当ニ下遇ヒ二重病一ニ　寿終之後生ス中大地獄上ニ。　如クレ王ノ夫人・太子・大臣・城主・柱師・郡主・宰官モ亦復如クナラントレ是。

仁王経ニ云ク　人壊ラハ二仏教ヲ一無ク二復孝子一　六親不和ニシテ天神モ不レ祐ケ　疾疫悪鬼日ニ来リテ侵害シ　災怪首尾シ連禍従横シ　死シテ入ラン二地獄・餓鬼・畜生一ニ。若出テ為ラハレ人ト兵奴ノ果報ナラン。如クレ響ノ如レ影ノ　如ク二人ノ夜書スルニ火ハ滅スレトモ字ハ存スルカ一　三界ノ果報モ亦復如レ是。

法華経第二云ク　若人不シテレ信セ毀二謗セハ此経ヲ一乃至其人命終シテ入ラ二阿鼻獄一ニ。

又同第七巻不軽品云ク　千劫於テ二阿鼻地獄一ニ受クト二大苦悩ヲ一

涅槃経云　遠ニ離善友ヲ一不レ聞カ二正法ヲ一住セハ二悪法ニ一者是因縁ノ故ニ沈没シテ在テ二於阿鼻地獄ニ一所レ受クル身形縦横八万四千由延ナラント。

広ク披キタルニ二衆経ヲ一専ラ重二謗法ヲ一。悲哉　皆出テテ二正法之門ヲ一而深入ル二邪法之獄一ニ。愚カナリ矣　各懸リテ二悪教之綱一而鎮《とこしえ》ニ纏ハル二謗教之網一ニ。此朦霧之迷ヒ沈ム二彼盛焔之底一ニ。豈ニ不レ愁哉。豈ニ不レ苦哉。汝早改ニ信仰之寸心ヲ一速カニ帰セヨ二実乗之一善一ニ。……（定遺二二五—六頁）

第一の文は、観無量寿経に示される弥陀の第十八願には一切衆生を往生せしめる本願（誓文）を示しながら、五逆の者と正法を誹謗する者とを除外している点を指摘して浄土教徒の所論を否定し、併せて法華経譬喩品に示される釈尊の誡文の確認を迫っている(4)。これは譬喩品の文の正法を毀謗する者は阿鼻地獄（無間地獄）に堕するとの誡めによって、その意趣が強く述べられているのである。そうして、第二の文においては、大集経・仁王経・法華経・涅槃経の経文を列挙して、正法を信じなければ、現世において安穏を得ないばかりか、死後地獄に堕することを警しめるのである。この堕獄の警告と表裏して謗法の禁止が強調されることを知るのである。

さて、それならば地獄の様相はどのように述べられているかを検べてみると、極めて僅かな例が認められるに過ぎない。管見の限りでその用例を挙げてみると、およそ三つに分けることができるかと思われる。

(1)涅槃経所引（涅槃経云　遠二離シ善友一ヲ不レ聞二カ正法一住二セハ悪法一ニ者是因縁ノ故ニ沈没シテ在二於阿鼻地獄一所レノ受フル身形縦横八万四千由延ナラント）（二四『立正安国論』二二六頁、二七九『立正安国論広本』一四七七頁、四〇八『曽谷二郎入道殿御報』一八七二頁＝同意の文章）

(2)往生要集の系譜にあることが認められるもの（二二『十法界明因果鈔』一七二頁―日進写本、三一『顕謗法鈔』二四七頁―真）

(3)その他（三九『上野殿御家尼御返事』三三〇頁―日朝写本、一七五『法蓮鈔』九三七頁―曽、三八二『大尼御前返事』一七九五頁―真、三九九『重須殿女房御返事』一八五六頁―真、四〇九『光日上人御返事』一八七六頁―曽）

これらのうち、(3)その他の表現がどのような系譜を引くものであるかについては検討事項としておきたいし、また(1)の涅槃経所引についてはそのような事実を指摘するに留めたい。いずれにせよ、聖人の地獄観は幾つかの系譜の上にあるものであるが、三一『顕謗法鈔』と『往生要集』との地獄描写の同似性に気づかされるので、まずその点について考察し、『顕謗法鈔』著作の特色についても検討を加えたい。

第二項　『顕謗法鈔』と『往生要集』

弘長二年、聖人四十一歳の著作に系年される『顕謗法鈔』の真蹟二十四紙は身延山久遠寺に所蔵されていたが、現在は焼失して存在しない。ただし、乾師目録によって真蹟の曽存が確認され、また京都本満寺に乾師の真蹟対照本が存在する。全体の構成は、(1)八大地獄の因果を明す、(2)無間地獄の因果の軽重を明す、(3)問答料簡を明す、(4)行者の用心を明す、の四段から成っている。すなわち、(1)に八大地獄の様相を描き、(2)に五逆と謗法との関係につき検討し、(3)はそれを受けて論義を進める。(4)の最初に「第四弘法用心抄」とあるので、(4)段は別書と受けとれないこともないが、更に謗法の様相を論じ、諸宗、殊に念仏宗批判と謗法論との関係を論じているので、一貫したものと見る方が妥当かと思われる。本書の狙いは、謗法の相貌を顕すということにあるのであることは言うまでもないが、(1)の叙述が全くといってよいほど恵信僧都源信の『往生要集』の大文第一厭離穢土—第一地獄の項に類似しているので、まず両書を対照し、比較してみたい(5)(なお、『往生要集』は漢文であるが、対照の便宜のために日本思想大系『源信』所載の同書きくだしに依った)。

顕謗法鈔

第一明㆓八大地獄因果㆒者、第一等活地獄者、此閻浮提の地の下一千由旬にあり。此地獄は縦広斉等にして一万由旬なり。此中の罪人はたがいに害心をいだく。若たまたま相見れば犬と猨とのあえるがことし。各鉄の爪をもて互につかみさく。血肉既に尽ぬれば唯骨のみあり。或は獄卒手に鉄杖を取て頭より足にいたるまで皆打くだく。身体くだけて沙のごとし。或は利刀をもて分分に肉をさく。然ども又よみがへり／＼するなり。此地獄の寿命、人間の昼夜五十年をもて第一四王天の一日一夜として、四王天の天人の寿命五百歳。四王天の五百歳を此等活地獄の一日一夜として、其寿命五百歳なり。此地獄の業因をいはゞ、ものの命をたつもの此地獄に堕つ。(8行略)

往生要集

(11行略)第一に、地獄にもまた分ちて八となす。(2行略)初に等活地獄とは、この閻浮提の下、一千由旬にあり。縦広一万由旬なり。この中の罪人は、互に害心を懐けり。もしたまたま相見れば、猟者の鹿に逢えるが如し。おのおの鉄爪を以て互に爴み裂く。血肉すでに尽きて、ただ残骨のみあり。或は獄卒、手に鉄杖・鉄棒を執り、頭より足に至るまで、遍く皆打ち築くに、身体破れ砕くること、猶し沙揣の如し。或は極めて利き刀を以て分々に肉を害くこと、厨者の魚肉を屠るが如し。涼風来り吹くに、尋いで活へること故の如し。欻然としてまた起きて、前の如く苦を受く。(3行略)人間の五十年を以て四天王天の一日一夜となして、その寿五百歳なり。四天王天の寿を以てこの地獄の一日一夜となし

第二黒縄地獄者、等活地獄の下にあり、縦広は等活地獄の如し。獄卒、罪人をとらえて熱鉄の地にふせ（伏）て、熱鉄の縄をもて身にすみうて、熱鉄の斧をもて縄に随てきりさきけづる。又鋸を以てひく。又左右に大なる鉄の山あり。山の上に鉄の幢を立て、鉄の縄をはり、罪人に鉄の山ををゝせて、縄の上よりわたす。縄より落てくだけ、或は鉄のかなえ（鑊）に堕入てに（煮）らる。此苦上の等活地獄の苦よりも十倍なり。人間の一百歳は第二の切利天の一日一夜也。其寿命一千歳。此天寿一千歳を一日一夜として、此第二の地獄の寿命一千歳なり。殺生のうえに偸盗とて、ぬすみをかさねたるもの此の地獄にをつ。当世の偸盗のもの、ものをぬすむ上、物の主を殺もの此地獄に堕べし。

第三に衆合地獄者、黒縄地獄の下にあり。縦広は上の如し。多の鉄の山二つづゝ相向へり。牛頭・馬頭等の獄卒、手に棒を取て罪人を駈て山の間に入しむ。此の時両の山迫来て合せ押す。身体くだけて血流て地にみつ。又種々の苦あり。人間の二百歳を第三の夜摩天の一日一夜として此天の寿二千歳。此天の寿を一日一夜として此地獄の寿命二千歳なり。殺生・偸盗の罪の上、邪婬とて他

て、その寿五百歳なり。殺生せる者、この中に堕つ。〈已上の寿量は倶舎に依り、業因は正法念経に依る……〉優婆塞戒経には初天の一年を以て初地獄の日夜となす。（26行略）

二に黒縄地獄とは、等活の下にあり。縦広、前に同じ。獄卒、罪人を執へて熱鉄の地に臥せ、熱鉄の縄を以て縦横に身に絣き、熱鉄の斧を以て縄に随ひて切り割く。或は鋸を以て解け、或は刀を以て屠り、百千段と作して処々に散らし在く。（3行略）また、左右に大いなる鉄の山あり。山上におのおの鉄の幢を建て、幢の頭に鉄の縄を張り、縄の下に多く熱き鑊あり。罪人を駈り、鉄の山を負ひて縄の上より行かしめ、遙かに鉄の鑊に落して摧き煮ること極りなし。〈観仏三昧経〉。等活地獄及び十六処の、一切の諸苦を十倍して重く受く。（5行略）人間の一百歳を以て忉利天の一日夜となして、その寿一千歳なり。忉利天の寿を以て一日夜となして、この地獄の寿一千歳なり。殺生・偸盗せる者この中に堕つ。（9行略）

三に衆合地獄とは、黒縄の上にあり。縦広、前に同じ。多く鉄の山ありて、両々相対す。牛頭・馬頭等のもろもろの獄卒、手に器杖を執り、駈りて山の間に入らしむ。この時、両の山、迫り来りて合せ押すに、身体摧け砕け、血流れて地に満つ。（23行略）人間の二百歳を以て夜摩天の一日夜となして、その寿二千歳なり。かの天の寿を以て、この地獄の一日夜となして、その寿二千歳な

人のつま（妻）を犯者此地獄の中に堕べし。（6行略）

第四叫喚地獄者、衆合の下にあり。縦広同レ前。獄卒悪声出て弓箭をもて罪人をいる。又鉄の棒をもて頭を打て、熱鉄の地をはしらしむ。或は熱鉄のいりだな（煎架）にうちかへし〱此罪人をあぶる。或は口を開てわける銅のゆ（湯）を入れば、五臓やけて下より直に出。寿命いはば人間の四百歳第四の都率天の一日一夜とす。又都率天の四千歳也。都率天の四千歳の寿を一日一夜として、此地獄の寿命四千歳なり。此の地獄の業因をいはゞ、殺生・偸盗・邪婬の上、飲酒とて酒のむもの此地獄に堕べし。当世の比丘・比丘尼・優婆塞・優婆夷の四衆の大酒なる者、此地獄の苦免がたきか。大論には酒に三十六の失をいだし、梵網経には酒盃をすゝめる者、五百生に手なき身と生ととかせ給。人師の釈にはみゝず（蚯蚓）ていの者となるとみへたり。況や酒をうりて人にあたえる者をや。何況酒に水を入てうるものをや。当世の在家の人々この地獄の苦まぬがれがたし。

第五大叫喚地獄者、叫喚の下にあり。縦広、前に同じ。其苦の相上の四の地獄の諸苦十倍して重くこれをうく。寿命の長短を云者、人間の八百歳は第五の化楽天の一日一夜なり。此天の寿八千歳なり。殺生・偸盗・邪婬の者、この中に堕つ。この大地獄にまた十六の別処あり。（17行略）

四に叫喚地獄とは、衆合の下にあり。縦広、前に同じ。獄卒の頭、黄なること金の如く、眼の中より火出で、赭色の衣を著たり。手足長大にして疾く走ること風の如く、口より悪声を出して罪人を射る。罪人、惶れ怖れて、頭を叩き、哀れみを求む。「願はくば、慈愍を垂れて、少しく放し捨かれよ」と。この言ありといへども、いよいよ瞋怒を増す。〈大論〉或は鉄棒を以て頭を打ちて熱鉄の地より走らしめ、或は熱き□に置き反覆してこれを炙り、或は熱き鑊に擲げてこれを煎じ煮る。或は駈りて猛炎の鉄の室に入らしめ、或は鉗を以て口を開いて洋銅を灌ぎ、五蔵を焼き爛らせて下より直ちに出す。〈瑜伽論・大論〉（10行略）人間の四百歳を以て覩率天の一日夜となして、その寿四千歳なり。覩率の寿を以てこの獄の一日夜となして、その寿四千歳なり。殺・盗・婬・飲酒の者、この中に堕つ。また十六の別処あり。その中に一処あり。火末虫と名づく。昔、酒を売るに、水を加へ益せる者、この中に堕ち　四百四病（……）を具す。

五に大叫喚地獄とは、叫喚の下にあり。縦広、前に同じ。苦の相もまた同じ。ただし前の四の地獄、及びもろもろの十六の別処の、一切の諸苦を十倍して重く受く。人間の八百歳を以て化楽天の一り。此天の八千歳を一日一夜として、此地獄の寿命八千歳なり。殺生・偸盗・邪婬・飲酒の重罪の上妄語とてそらごとせる者此地獄に堕べし。当世の諸人設賢人上人なんどいはるゝ人々も、妄語せざる時はありとも、妄語をせざる日はあるべからず。設日はありとも、月はあるべからず。設月はありとも、年はあるべからず。設年はありとも、一期生妄語せざる者はあるべからず。若しからば当世の諸人一人もこの地獄をまぬがれがたきか。

第六焦熱地獄者、大叫喚地獄の下にあり。縦広前にをなじ。此地獄に種々の苦あり。若此地獄の豆計の火を閻浮提にをけ（置）らんに、一時にやけ尽なん。況罪人の身の耎なることわたのごとくなるをや。此地獄の人は前の五の地獄の火を見事雪の如し。譬へば人間の火の薪の火よりも鉄銅の火熱が如し。寿命の長短は人間の千六百歳は第六の化他天の一日一夜として此天の寿千六百歳也。此天の千六百歳を一日一夜として、此地獄の寿命一千六百歳なり。業因を云者、殺生・偸盗・邪婬・飲酒・妄語の上、邪見とて因果なしという者此中に堕すべし。邪見者、有人云、人飢て死ぬれば天に生べし等云云。総じて因果をしらぬ者を邪見と申。世間の法には慈悲なき者を邪見の者という。当世の人々此地獄を免がたきか。

日夜となして、その寿八千歳也。かの天の寿を以てこの獄の一日夜となして、その寿八千歳なり。殺・盗・婬・飲酒・妄語の者、この中に堕つ。（10行略）

六に焦熱地獄とは、大叫喚の下にあり。縦広、前に同じ。獄卒、罪人を捉へて熱鉄の地の上に臥せ、或は仰むけ、或は覆せ、頭より足に至るまで、大いなる熱鉄の棒を以て、或は打ち、或は築いて、肉摶の如くならしむ。（8行略）もしこの獄の豆許の火を以て閻浮提に置かば、一時に焚け尽さん。いはんや罪人の身は耎かなること生蘇の如し。長時に焚焼せば、あに忍ぶべけんや。この地獄の人、前の五の地獄の火を望み見ること、猶し霜雪の如し。〈正法念経〉人間の千六百歳を以て他化天の一日夜となして、その寿万六千歳なり。他化天の寿を以て一日夜となしてこの獄の寿もまた然り。殺・盗・婬・飲酒・妄語・邪見の者・この中に堕つ。四門の外にまた十六の別処あり。その中に一処あり。分荼離迦処と名づく。謂く、かの罪人の一切の身分に、芥子許も火炎なき処なし。（5行略）既にかの処に入れば、分荼離迦の炎の燃ゆること、高さ五百由旬なり。かの火に焼き炙られ、死してまた活へる。

第七大焦熱地獄者、焦熱の下にあり。縦広前の如し。前の六の地獄の一切の諸苦十倍して重く受なり。其寿命は半中劫なり。業因云者、殺生・偸盗・邪婬・飲酒・妄語・邪見の上に浄戒の比丘尼ををかせる者、此中に堕べし。又比丘、酒を以て不邪婬戒を持る婦女をたぼらかし、或は財物をあたへて犯せるもの此中に堕べし。当世の僧の中に多此重罪あるなり。大悲経の文に末代には士女は多く天に生じ、僧尼は多は地獄に堕べしととかれたるはこれていの事か。心あらん人々ははづべし〳〵。（15行略）

第八に大阿鼻地獄者、又は無間地獄と申なり。欲界の最底大焦熱地獄の下にあり。此地獄は縦広八万由旬なり、外に七重の鉄城あり。地獄の極苦且略ㇾ之。前の七大地獄並に別処の一切の諸苦を以て一分として、大阿鼻地獄の苦一千倍勝れたり。此の地獄の罪人大阿鼻地獄の罪人を見事、他化自在天の楽の如し。此地獄の香のくさゝを人かぐ（嗅）ならば、四天下・欲界・六天の天人皆しゝなん。されども出山・没出と申山、此地獄の臭き気をさえて、人間へ来らせざる故に、此世界の者死せずと見へぬ。若仏此地獄の苦を具に説せ給はば、人聴て血をはいて死すべき故に、くわしく仏説給はずとみへたり。此無間地獄の寿命の長短は一中劫

もし人、自ら餓死して、天に生るることを得んと望み、また他人に教へて邪見に住まらしめたる者、この中に堕つ。（6行略）

七に大焦熱地獄とは、焦熱の下にあり。縦広、前に同じ。苦の相もまた同じ。〈大論、瑜伽論〉ただし、前の六の地獄の根本と別処との、一切の諸苦を十倍して具さに受く。具さに説くべからず。その寿、半中劫なり。殺・盗・婬・飲酒・妄語・邪見、幷に浄戒の尼を汙せる者、この中に堕つ。（30行略）

八に阿鼻地獄とは、大焦熱の下、欲界の最底の処にあり。（12行略）かの阿鼻城は、縦広八万由旬にして、七重の鉄城、七層の鉄網あり。下に十八の隔ありて、刀林周り帀る。四の角に四の銅の狗あり、身の長四十由旬なり。（30行略）七大地獄と幷及に別処の一切の諸苦を、以て一分とせんに、阿鼻地獄は一千倍して勝れり。かくの如くなれば、阿鼻地獄の人は、大焦熱地獄の罪人を見ること、他化自在天処を見るが如し。四天下の処欲界の六天も、地獄の気を聞かば即ち消え尽きなん。何を以ての故に。地獄の人は極めて大だ臭きを以ての故に。地獄の臭気何が故に来らずとならば、二の大山ありて、一を出山と名づけ、二を没山と名づけ、

なり。一中劫と申は、此人寿無量歳なりしが百年に一寿を減じ、又百年に一寿を減ずるほどに、人寿十歳の時に減ずるを一減と申。又十歳より百年に一寿を増し、又百年に一寿を増する程に、八万歳に増するを一増と申。此一増一減の程を小劫として二十の増減を一中劫とは申なり。此地獄に堕たる者、これ程久無間地獄に住して大苦をうくるなり。業因云者、五逆罪を造る人此地獄に堕べし。五逆罪と申は一殺父、二殺母、三殺阿羅漢、四出仏身血、五破和合僧なり。今の世に仏ましまさず。しかれば出仏身血あるべからず。和合僧なければ破和合僧なし。阿羅漢なければ殺阿羅漢これなし。但殺父殺母の罪のみありぬべし。しかれども王法のいましめきびしくあるゆへに、此罪をかしがたし。若爾者、当世には阿鼻地獄に堕べき人すくなし。但相似の五逆罪これあり。木画の仏像・堂塔等をやき、かの仏像等の寄進の所をうばいとり、率兜婆等をきりやき、智人を殺しなんどするもの多し。此等は大阿鼻地獄の十六の別処に堕べし。されば当世の衆生十六の別処に堕るもの多か。又謗法の者この地獄に堕べし。

かの臭気を遮ればなり。もし人、一切の地獄の所有の苦悩を聞かば皆悉く堪へざらん。これを聞かば則ち死せん。かくの如くなれば、阿鼻大地獄の処は、千分の中に於て一分をも説かず。何を以ての故に。説き尽すべからず、聴くことを得べからず、譬喩すべからざればなり。もし人ありて説き、もし人ありて聴かば、かくの如き人は血を吐いて死せん。〈正法念経の略抄〉この無間獄は寿一中劫なり。〈倶舎論〉五逆罪を造り、因果を撥無し、大乗を誹謗し、四重を犯し、虚しく信施を食へる者この中に堕つ。〈観仏三昧経に依る〉この無間獄の四門の外にもまた十六の眷属の別処あり。（以下60行略）

備　考

a、————と~~~とは、表現が非常に近似していることを示す。

b、……と……とは、文意がほぼ同一であることを示す。

c、△△△は、『往生要集』の文意を省略した意図と推定されることを示す。

d、『顕謗法鈔』は『昭和定本日蓮聖人遺文』に拠り、『往生要集』については、対照の便宜上、石田瑞磨校注『源信』（岩波・日本思想大系）に拠った。⑥

両書の対照に見る通り、『顕謗法鈔』第一段と『往生要集』大文の第一の初と全体的に相似しており、全くと言ってよいほど近似しているところがある。これによって、『顕謗法鈔』にみる地獄の様相についての叙述は『往生要集』に拠ったことが推定されるであろう。ところで、なぜそのようなことが許されるのかということが一往問題となると思われる。

①聖教量の類聚　『往生要集』の地獄の描写は〈　〉に示される通り諸経の引用によるものであり、その引用は日蓮聖人の聖教量重視の態度と矛盾しないことが先ず指摘できよう。

②『顕謗法鈔』の構成からするならば、この部分はまず一般的な地獄の知識を確認するのであるから、教義信条の基本に抵解する問題ではない。

③『顕謗法鈔』の対告者は不明であるが、或は浄土教信仰者に対する説得として、殊に『往生要集』を引用したという可能性もあるであろう（この点、文永元年の『当世念仏者無間地獄事』等との関連が問題とされよう）。

さて、『顕謗法鈔』は『往生要集』の文章を圧縮し、状景を眼のあたりにさせるかのようである。たとえば、第一等活地獄の条下に「此の閻浮提の下」を「此の閻浮提の地の下」「縦広一万由旬」を「縦広齊等にして一万由旬」と言葉を補っている。これらの例は対照によって解るように処々に見える。それだけでなく、『顕謗法鈔』は『往生要集』の文を全部とり上げるのではなく、一々の地獄の詳細な状景であるとか、別処の状景などは除外しているのである。そのような点は、第三衆合地獄の下に「又種々の苦あり」と述べた部分が『往生要集』の約二十行に該当し、第六焦熱地獄においても「此地獄に種々の苦あり」として細かい状景描写を略し、更に第八大阿鼻地獄においても「地獄の極苦ハ且ラク略レ之」と述べている部分が『往生要集』約二十七行に該当するかと思われる。

次に第一の下、「犬と猨とのあえるがごとし」に対し、「猟者の鹿に逢えるが如し」のように表現が異なる点があるが、この違いの理由は不明である。試みに『宝物集』(7)を参照したが、同書にもそのような例は見られなかった。ただ一般的に言って仏教説話との関連を考察する必要があるであろう。

総じて両書の違いの基本は、堕獄の業因についての関心から来ていると思われる。『顕謗法鈔』の初に「第一に八大地獄の因果を明すとは」とあるように、堕地獄の因果、乃至業因が問われているのである(8)。『往生要集』は『大智度論』『瑜伽論』『諸経要集』『正法念経』『優婆塞戒経』『観仏三昧経』等の経論によって地獄の様相を克明に描き、殺生・偸盗・邪婬・飲酒・妄語・邪見・奸尼・五逆等の堕地獄の業因を明らかにしている。それに対して、『顕謗法鈔』は日本国の一切衆生が一同に犯している業因を明らかにしているのである。第一等活地獄の業因について、『往生要集』は「殺生せる者、この中に堕つ」と述べるのみであるが、『顕謗法鈔』は、ものの命を断つということは、誰しもが犯している罪であり、高貴なる者もそうでない者も日本国の人々は等しくこれを犯していると述べ、どのように持戒・持律を誇る僧も少しもこの罪に無関係なものはなく、まして殺生をなりわいとしている人々の現状を考慮せねばならぬことを述べているのである。

此地獄の業因をいはば、ものの命をたつもの此ノ地獄に堕つ。螻蟻蚊蝱等の小虫を殺せる者も懺悔なければ必ス地獄に堕べし。譬へばはり（鍼）なれども水の上にをけば沈マざることなきが如し。又懺悔すれども懺悔の後に重ネて此罪を作れば後の懺悔には此罪きえがたし。譬へばぬすみをして獄《ひとや》に入ぬるものの、しばらく経て後に御免を蒙て獄を出れども、又重て盗をして獄に入ぬれば出デゆるされがたきが如し。されば当世の日本国の人は上一人より下万に至ル民まで、此地獄をまぬがるる人は一人もありがたかるべし。何《いか》に持戒のおぼへをとれる持律の僧たりとも、蟻虱なんどを殺さず、蚊蝱をあやまたざるべきか。況ャ其外、山野の鳥鹿、江海の魚鱗を日々に殺スものをや。何ニ況ャ牛馬人等を殺ス者をや。（定遺二四八頁）

このような点に留意すると、第二には、「当世の偸盗のもの、ものをぬすむ上、物の主を殺もの此地獄に堕べし」(定遺　二四九頁)、第三に邪婬について「当世のほかたうと(貴)げなる僧の中に、ことに此罪又多かるらんとおぼゆ」(同　二五〇頁)、第五には「当世の諸人設ヒ賢人上人なんどいはるゝ人々も、妄語せざる時はありとも、妄語をせざる日はあるべからず。……」(同二五一頁)等の叙述が、すべて日本国当世の人々は堕地獄の現実にあるという認識を迫るものとなっているのである。

結局、聖人は第八大阿鼻地獄(無間地獄)の道を日本国の人々が歩んでいることを警告するために七大地獄について述べて行き、実際の文章上では、第八大阿鼻地獄の項においては五逆罪、謗法の業因が語られるのであるが、既にその点で、七大地獄についての堕獄の様相やその問題性の指摘は、大阿鼻地獄の恐怖に収約されていると見ることができよう。その点で、第七大焦熱地獄の収約は、実は大阿鼻地獄への収約と見ねばならぬであろう。

総じて上の七大地獄の業因は諸経論をもて勘え見るに当世日本国の四衆にあて見るに、此七大地獄をはなるべき人を見ず。又きかず。涅槃経ニ云ク、末代に入て人間に生ぜん者は爪上《つめのうえ》の土の如し。三悪道に堕るものは十方世界の微塵の如シと説レたり。若爾ラハ者、我等が父母兄弟等の死ぬる人は皆上の七大地獄にこそ堕チ給ては候らめ。(定遺二五二頁)

『往生要集』が欣求浄土を願行として、救われがたき現実を思うために厭離穢土の章を設け、その初に地獄を説いているのに対し、聖人は地獄の業因の如実さに思いを致し、人々にそれを語っても堕地獄の現実的恐怖を直視しようとはしないことこそ当に問題であることを指摘するのである。

当世に上の七大地獄の業を造ラざるものをば未レタ見。又をとにもきかず。而ルニ我身よりはじめて、一切衆生七大地獄に堕ッべしとをもえる者一人もなし。設ヒ言《ことば》には堕ッべきよしをさえづれども、心には堕ッべしともをもわず。又僧尼士女、地獄の業をば犯スとはをもえども、或は地蔵菩薩等の菩薩を信じ、或は阿弥陀仏等の仏を恃《たのみ》、或は種々の善根を修したる者もあり、皆をもはく、我はかゝる善根をもてればなんど、うちをもひて地獄をもをぢず。……されば当世の人々の、仏菩薩を恃《たのみ》ぬれば、宗々を学したれば地獄の苦はまぬがれなんなんどをもえるは僻案にや。（定遺二五二一―三頁）

このように堕地獄の恐怖とその罪の免れがたき現状認識を示した上で、第八大阿鼻地獄の項においては、その様相を簡略に述べ、その業因を五逆罪とするのである。この項の終りに「又謗法の者この地獄に堕ッべし」（定遺二五四頁）と謗法を挙げてはいるが、ここでの業因叙述の力点は五逆罪に置かれている。即ち、滅後末法の今には、仏陀は出仏身血する存在としてはましまさず、和合僧や阿羅漢を破り、殺害するという風には存在しないから、五逆罪のうち現実にあるのは殺父、殺母だけであり、そのような尊属殺人は仏法以前に王法によって制約されているから、実際にはいずれも犯しがたいことが述べられている。ただ仏陀の木像・画像や堂塔を焼くとか、祠堂のための地領を奪い取ったり、率兜婆を粗末にして焼いたり、すぐれた僧侶を殺すなどということは、すべて仏教の破壊に連なり、いわば、「相似の五逆罪」ということができようと述べられている。

言うまでもなく、この文章に続いて、「第二に無間地獄の因果の軽重を明さば」（原漢文、定遺二五四頁）との標題に即して、五逆罪より誹謗正法の罪の重きことを明すように、聖人は謗法罪こそ堕獄の業因とされる。それにもかかわらず、第一段においては五逆罪に力点を置かれたのは、第一段は堕獄の様相の業因についての通途の見解に則り、それを基として第二段に謗法の業因を示されようとしたものであろう。それ故、前述したように、本書は浄土教に詳しい人に宛てた故に、殊更に『往生要集』に即して述べられたという可能性も考えられるのであろう。そのように考えれば、第一段の叙述の意図が明確に位置づけられるであろう。

こうして第二段において、法華経譬喩品の「若人不ㇾ信毀㆓謗此経㆒乃至其人命終入㆓阿鼻獄㆒」の文によって謗法が堕獄の業因となることを明し、次に大品経によって、三宝を破る破法の業と因縁とが重罪であって、謗法が五逆に越えたる罪であることを明し、法華経常不軽菩薩品によって「懺悔せる謗法の罪すら五逆罪に千倍(9)」することを明し、更に法華経譬喩品によって、懺悔がなければ阿鼻地獄を出ることができないことを明すのである。そこで、更に第三段問答料簡に進んで、謗法とはどのような行為であるかが問われるのである。

第三項　『往生要集』への批判

日蓮聖人が『往生要集』の名を挙げられるときは、必ず批判の対象として挙げられている。正元元年の『守護国家論』は暫く措くが、身延入山後の『撰時抄』には、

往生要集の序の詞、道理かとみへければ顕真座主落チさせ給ヒて法然が弟子となる。（定遺一〇三二頁）

法然が念仏宗のはやりて一国を失ハンとする因縁は恵信の往生要集の序よりはじまれり（同一〇四一頁）

等と『往生要集』の序の批判をなし、慧心・永観・法然に対して批判を加えている(10)。

その他

漢土・日本には八宗を習フ智人モ正法すでに過キて像法に入リしかば、かしこき人々は皆自宗を捨てて浄土ノ念仏に遷リし事此レ也。日本国のいろはは天台山の恵心ノ往生要集此レ也。（『浄蓮房御書』定遺一〇七五頁）

末代ノ学者被テレ誑二惑恵心ノ往生要集ノ序一ニ　失ヒ二法華本心一ヲ　入ル二失弥陀ノ権門一ニ。退大取小ノ者ナリ。（『四信五品鈔』同一二九六頁）

今の日本国の人々、道綽が未有一人得者、善導が千中無一、恵心が往生要集の序、永観が十因、法然が捨閉閣抛等を堅く信シて、……（『下山御消息』同一三三九頁）

等と、日蓮聖人は浄土教展開のなかに『往生要集』を位置づけ、必ずその序に示される見解を第一に批判してい

ることが分る。

これに対して、佐渡流罪以前の『守護国家論』においては、『往生要集』の序の浄土易行の論は一往の主張であるとし、恵心の意は、それによって末代愚機を調え、最終的には法華経に帰結せしめることを目的とするものであると理解している。

但シ往生要集ハ者一往見ルニ二序文ヲ一時ハ以テ二法華・真言等ヲ一入ル二顕密之内ニ一殆シト雖下不レ叶二末代ノ機ニ一書《しょ》スト上。入レテ文ニ委細ニ見ルニ二一部三巻ノ始末ヲ一　第十ノ問答料簡ノ下ニ正ク定ムル二諸行勝劣ヲ一時　引テ二観仏三昧・般舟三昧・十住毘婆沙論・宝積・大集等ノ爾前経論ヲ一対二一切ノ万行一以テ二念仏三昧一立テ二王三昧ト一了ヌ。最後ニ有リ二一ツノ問答一。以テ二爾前ノ禅定念仏三昧ヲ一対スルニ二法華経ノ一念信解ニ一劣二百千万億倍一定ム。通スル二復問ヲ一時　念仏三昧ヲ云レフハ勝ルト二万行ニ一者爾前ノ当分也ト云云。当レ知　恵心ノ意ハ造テ二往生要集ヲ一調ヘテ二末代愚機ヲ一為レ入レンカ二法華経ニ一也。例セハ如下シ仏ノ以テ二四十余年ノ経ヲ一調ヘ二権機ヲ一入レタマフカ中法華経ニ上也。故ニ最後ニ造ル二一乗要決ヲ一。（定遺一〇九頁）

すべて仏教は権を先として、実を後に顕すのであるが、恵心僧都源信は永観二年（一〇〇五）十月に『一乗要決』を著したことから、日蓮聖人は恵心僧都源信の真意は法華経に帰結することを説く『一乗要決』にこそ結ばれるべきであると理解している(11)。『顕謗法鈔』（弘長二年）の段階では、この主張の延長上にあると推定することが許されるならば、『顕謗法鈔』の四段から成る構成の意図が推測できるのではなかろうか。

『顕謗法鈔』より二年後に述作された『南条兵衛七郎殿御書』には、「法然・善導等がかきをきて候ほどの法門は日蓮らは十七・八の時よりしりて候き」（定遺三二六頁）と述べられているように、聖人は早くより当時滔々として流布していた浄土教を学習し、やがて念仏信仰者の死の様相をみてその教えに疑問を抱かれたのである。晩年に聖人が回想されているように、しばしば引用される『妙法尼御前御返事』の叙述は、法華経信仰に至る聖人の原体験を述べられたものであり、そこから堕獄の問題が大きな関心事となり、その業因たる誹謗正法の問題が、聖人の宗教の根幹に横たわらざるを得ないことになって行くのであると思われる。聖人は日本における浄土教定着が恵心・永観・法然によってなされたと述べられるが(12)、ここに示される地獄への関心は『顕謗法鈔』に示される『往生要集』の地獄観の継承と結ばれるものであろう。三〇一『妙法尼御前御返事』には、左の文が見られる。

法華経云　如是相乃至本末究竟等云云。

大論云　臨終之時色黒《キ》者堕《ツ》二地獄一等云云。

守護経云　地獄に堕《ツル》に十五の相・餓鬼に八種の相・畜生に五種の相等云云。

天台大師の摩訶止観云　身《ノ》黒色《ハ》譬《フ》二地獄《ノ》陰《ヲ》一等云云。

夫《レ》以《ミレ》ば日蓮幼少の時より仏法を学し候しが念願すらく、人の寿命は無常也。出《ツ》る気は入る気を待《ツ》事なし。風の前の露、尚譬にあらず。かしこきも、はかなきも、老《イ》たるも、若きも定め無き習《ヒ》也。されば先《ツ》臨終の事を習《フ》て後に他事を習《フ》べしと思《ヒ》て、一代聖教の論師・人師の書釈あらあらかんがへあつめ(勘集)て、此を明鏡として、一切の諸人の死する時と竝に臨終の後とに引《キ》向《ヘ》てみ候へば、すこしもくもりなし。(定遺一五三五頁)

しかも「すこしもくもりな」き有様を、更に具体的に「此人は地獄に堕《チ》ぬ乃至人天とはみへて候を、世間の人々或は師匠父母等の臨終の相をかくして西方浄土往生とのみ申《シ》候。悲《イ》哉、師匠は悪道に堕《チ》て多《クノ》苦しのびがたければ、弟子はとゞまりゐて師の臨終をさんだんし、地獄の苦を増長せしむる」(定遺　一五三五—六頁)と、仏教を信奉しながら堕獄する様相の体験を述べられている。このような仏教信奉の現実から原理念を改めて探求せねばならぬと考えたところに、聖人の謗法否定を骨格とする法華経信仰が顕現されたと言えるであろう。

そのような意味で、聖人の『往生要集』否定は単なる否定ではなく、浄土教超克による釈尊の随自意顕現の根幹と問題を接しているのではなかろうか。『往生要集』と『一乗要決』との関連に示される聖人の恵心観の推移は、謗法・堕獄の問題の顕現と関わっているように思われるが、その点については後日の検討に譲りたいと思う。

第四項　闡提解釈と『一乗要決』

以上のような『往生要集』参照とその克服の様相に対して、他方、『一乗要決』参照の例が見られる。日興写本が伝えられる『浄蓮房御書』（建治元年六月二十七日）は、曇鸞・道綽・善導・恵心・永観・法然の六人による念仏唱導を批判するが、それに関連して、涅槃経の七種衆生の理解が述べられている。『浄蓮房御書』は、善導が観無量寿経中心の仏教観によって浄土教の往生を説き、末代の凡夫こそその機（対象）であるといっていることを紹介し、その上で日蓮聖人は、その所説は誤りであって、法華経によってこそ末代の凡夫は救われることを明らかにしているのである(13)。すなわち、涅槃経には一闡提から菩薩に至る衆生の機根を七段階に分けているが、善導の『観経四帖疏』がその第一（入水則没・一闡に譬える）第二（出已復没・一闡提に準ずるに譬える）の衆生は阿弥陀仏が救済する機であるとするのに対して、日蓮聖人は、その第一は謗法の機、第二は五逆であり、観無量寿経の弥陀の本願にはこれらは除外されているのであって、法華経によってのみこれらは救済されると説くのである。ここに五逆・謗法のものと浄土教の関係が説かれるのである(14)。

そこで、『浄蓮房御書』が問題とする涅槃経（南本・北本）の文が、恵心の『一乗要決』に見られるのである。『一乗要決』は八門に分段される(15)が、その大文第六「遮二無情有情執一者」のもと五項のうちの初・枢要のところに十文一量を引用し、無情有情を論じている。そこに今問題となっている七種衆生の文が涅槃経（南本・北本

	浄蓮房書				一乗要決		
	日蓮云	日蓮云（続）	善導『観経四帖疏』	善導『観経四帖疏』（続）	涅槃経（北本）「獅子吼菩薩品」	涅槃経（北本）「獅子吼菩薩品」（続）	涅槃経（南本）「迦葉菩薩品」
第一	誹謗正法の一闡提人常没の大魚	（謗法）	入水則没の一闡提人＝常没	末代の凡夫	入水即流	一闡提	常没 大魚没 一闡提
第二	常没の誹謗 五逆 提婆達多・倶伽利・善星（等）	（五逆）	出已後没＝一闡提の如し＝常没		出已復没	復遇悪友断諸善根	暫出還没 大魚 提婆達多・倶伽利・善星（等）
第三			出已不没	舎利弗等の声聞	出更不没	堅住信慧心不退転	出已則住 極弥魚 舎利弗・目連等の五比丘、摩訶迦葉等の四衆
第四			出已即住	縁覚・菩薩	出已即住偏観四方	四声聞果	出已偏観四方 錯魚 遍観頂法四諦 須陀洹果
第五			観方		観已即去	辟支仏	偏観四方 錯魚 斯陀含・人
第六			浅処		入已即法 浅処即住	菩薩	行已復住 錯魚 阿那含
第七			到彼岸		既至彼岸登上大山	如来	水陸倶行 亀 阿羅漢果・辟支仏・菩薩・仏

の）両本について掲げられている。それを対照したのが左の表である。

もとより闡提成仏の問題は涅槃経に中心的に展開されているのであり、また一方、浄土教における闡提成仏の問題が議せられているとき、聖人が『一乗要決』中所引の涅槃経をもってその問題を考え、法華経こそ五逆・謗法救済を果す教であるとの結論を明らかにされていることに注意せねばならぬであろう。聖人は『往生要集』を著した点で恵心を批難し、『一乗要決』を著した点で賞讃しているが、その図式の背後に、闡提成仏等の問題への問いかけがあったのではなかろうか(16)。従って結論的にはその図式は絶対的なものであるが、そこに至る問いかけの面からの各著述への検討という面がある点で必要なのではなかろうか。

第五項　小　結

日蓮聖人の地獄観について検討すると、聖人の『顕謗法鈔』と源信の『往生要集』との関わりを問題とせねばならない。そこで両書を対照して前記のような結論を得た。

従来、謗法はより外向的な折伏の理論によって理解され、内実的・実存的な理解に欠けていたように思われる。そして、それは謗法が堕獄の業因であることへの深い省察に欠けていたからではあるまいか。謗法の問題がよりシリアスな仏教の根幹をなす論理として、全人間存在を左右する論理として考えられねばならぬその前提には、地獄への恐怖の克服という課題がヴィジュアルなものとして要請されたと思われる。今日、地獄観は忘却されがちであるが、その根本的視座なくして仏教の宗教性の深みはとらえられないのではなかろうか。

第二節　仏種と謗法

第一項　性種と乗種

日蓮聖人は涅槃経の「一切衆生悉有仏性」の経文を引用して仏性の普遍を語っている[17]。しかし日蓮聖人の宗教は「末代幼稚の者[18]」がどのような救済を示されているかを闡明し、それを確証することが問題の中心となっていたから、むしろ仏種論として論じられている。望月歓厚博士は日蓮聖人の事の表現の特色の一として「乗種事」を挙げ、日蓮聖人は釈尊証得の本理に基礎を置いて仏教を信解体得するのであるから、釈尊から投与された法は〈乗法〉であり〈乗種〉であって、〈性種〉ではないと述べ、聖人が「一念三千仏種」（『本尊抄』定遺七一一頁）「釈尊の種子皆一念三千なり」（『開目抄』同七五九頁）と語られることはそのことを明確にあらわすものだと述べている[19]。浅井円道博士はこれを解釈して、乗種であって性種でないというのは、衆生本具の真如理性を仏教受容の基本とするというよりは、聞法信したとき初めて本仏から投与される仏種がその基本となると理解している。したがって、『本尊抄』でいう仏性とは真如理性や性徳三身のような抽象的理念ではなく、そこに「釈尊ノ因行果徳ノ二法」（定遺七一一頁）「五百塵点乃至所顕ノ三身ニシテ無始ノ古仏」（同　七一二頁）ということが強調される理由があるとする。それは決して介尒有心の理即の凡夫に即具するものではなく、聞法受持して名字即位に達したとき初めて本仏の慈悲に浴して自然譲与される功徳聚であるから、天台の性具思想とは決定的な違いがあるというのである[20]。すなわち、性種（衆生性の浄分種子、即ち衆生の一念に本来具有せる仏性）乗種（仏の因果の功徳を籠めたる法的種子）という概念規定もこれと軌を一にするものであろう[21]。

更に、茂田井教亨博士は、妙法蓮華経五字の受持論を深めるなかで、日蓮聖人の仏種論・下種論に注目し、聖人の謗法意識との密接な関連について論究した(22)。

ところで、これらの日蓮教学はいずれも法華経が末代の一闡提の衆生救済のために説き明かされた真髄を詮顕しようとすることを根幹としている。そこで、これらの結論の内容を更に深く究明するために、即身成仏・闡提成仏の必然について考察を加えたい。

第二項　就類種の開会と相対種の開会

『始聞仏乗義』は、富木常忍の悲母の第三回忌追善供養に対する身延の日蓮聖人からの返信である。その題名は後人が付したものであるが、『摩訶止観』に説かれる就類種・相対種の開会ということを通して即身成仏の教説を聞くこと、これこそ末法の衆生にとって「始めて法華経を聞く」ことであることを示している(23)。いうまでもなく、日蓮聖人は早くから『摩訶止観』を読み、それによって法華経の真髄を語り明そうとした(24)。今、この『始聞仏乗義』においても、「止観明静前代未聞」の心を問うて「円頓止観」であるといい、それは「法華三昧」の異名であるという。その「法華三昧」の心とは何かの問いに対して、

答フ　夫レ末代ノ凡夫修二行スル法華経ヲ一意ニ有リレ二。一ニハ就類種ノ開会　二ニハ相対種ノ開会也。（定遺一四五二頁）

と述べ、『法華文句』巻第七上の趣旨に基づき、仏の智恵を明すに種・相・体・性の四法に約すといい、最初の種について、一には就類種、二には相対種であるとする。

(a)「其就類種トハ者釈ニ云ク　凡有ルレ心者ハ是正因ノ種ナリ。随テ聞クハ二一句ヲ一是了因ノ種ナリ。低頭挙手ハ是縁因ノ種ナリ

等云云。」（定遺一四五二頁）

(b)「其相対種トハ者　煩悩ト与レ業与トノレ苦三道　押ヘテ二其当体ヲ一称スル下法身ト与二般若一与中解脱上是也」（定遺一四五二頁）

両者の法華経との関わりは次のように述べられる。

(a)「其中ニ就類種ノ一法ハ　宗ハ雖レ有リト二法華経ニ一　少分又通ス二尓前ノ経経ニモ一」（定遺一四五二頁）

(b)「其ノ門フ　相対種ノ心ハ如何。……答フ　生死トハ者我等カ苦果ノ依身也。所謂五陰・十二入・十八界ナリ。煩悩トハ者見思・塵沙・無明ノ三惑也。結業トハ者五逆・十悪・四重等也。法身トハ者法身如来　般若トハ者報身如来　解脱トハ者応身如来ナリ」（定遺一四五二―三頁）

つまり、就類種は、仏教の究極が法華経にあることの認識は当然あるのだけれども、一事一業がすべて究極の仏道に連結しているのであるから、法華経以前の経説にも通ずるものだという理解を指し示している。これを『法華文句』に即して言えば、

一切ノ低頭挙手悉是解脱種。一切ノ世智三乗解心即チ般若ノ種ナリ。夫有ルレ心者皆当ニ作二仏一即チ法身ノ種。諸種差別如来能知。一切種秖タ是一種即是無差別如来亦能知(25)。

あたかもすべての川が自然に大海に流入するように、すべての行為が菩薩の因となる面を示しているといえよう。それに対して、(b)相対種の心とは、『摩訶止観』が、円法を聞くとは、生死即法身・煩悩即般若・結業即解脱であると聞くことであると示していることに尽きているのであって、それこそがいわば相対種の手本であると述べられる。しかも、(b)の文を掲げたように、われわれの苦果の依身ということが生死の意味する内容であり、煩悩・結業も同種である。そのような三道にあえいでいる凡身をして三徳に転ずるという飛躍に誘うのが、相対種によって明らかにしようとする法華経の内容だというのである。それを、更に言えば、変毒為薬、即身成仏の

仏道完成こそが法華経の救いであるとし、そのような意味で仏種論が展開されていることが分る。

日蓮聖人が重視した『摩訶止観』の相対種については、安藤俊雄博士が敵対的相即の弁証法として評価しているところである。安藤博士は『天台性具論』のなかで、天台実相論を論ずるなかで天台弁証法として論じ[26]、更に天台実相論の発達のなかで知礼の実相論を述べるのに際して敵対種の発掘として論じている。すなわち、「円融論理を形成するものは敵対的相即の弁証法である。三軌の厳然たる差別と円融一体を妙法の自己展開のために不可欠な天然性徳の二面であるとする思惟が敵対的相即の論理である[27]」といい、その敵対的相即の性格は仏性観のなかにも明白に知ることができるのであって、仏性、或は仏種・如来種には同類種と相対種の二があるとしているところに、三道即三徳の論が展開されるゆえんがあるとしている。天台大師智顗以前においては、仏種・仏性は仏果同類のものに限定されて論じられていたのに対し、智顗によって仏性は敵対的相即という弁証法的本質をもつものであるとして、その限界が突破されたという、画期的意義をもつものであることが明らかにされたというのである。

日蓮聖人の仏性論は、明らかにこのような天台智顗の仏性論を高く評価している。前掲の文章につづいて、「我等衆生自リ二無始曠劫一已来具二足シ此三道ヲ一　今値テ二法華経ニ一三道即三徳トナル也[28]」という認識が、日蓮聖人の仏性論の基本をなすものであろう。『開目抄』等においても二乗作仏論が論じられるが、『始聞仏乗義』において三道即三徳の論を以て二乗作仏の根本なりとし、それを末代の凡夫の成仏に展開している。それは未だ明らかにされなかった義であるとし、そのことを知ることが「始めて法華経を聞く」ことになると述べているが[29]、そのようなところに法華経が末代凡夫為正である読み方が示されているといえよう。

第三項　末代謗法の機と恒河七種衆生の解釈

聖人は、『浄蓮房御書』において涅槃経の恒河七種の衆生の譬を引き、その第一を謗法の者、第二を五逆のものとし、末代における仏教の課題は「誹謗正法の一闡提人」の救済にあることを述べている。この叙述は恵心の『一乗要決』の部分と照応する。

『一乗要決(30)』は次の八段から成っている。

(1)法華によって一乗を立つ　(一頁)
1)法華経の十文を出し
2)問答料簡して一乗真実の旨を明す
(2)余経の二乗作仏の文を引く　(二三頁)
諸経論にわたって十九文を引く
(3)無余界の廻心を弁ず　(六二頁)
1)教証・理証併せて十六文を掲げ
2)料簡を加えて二乗の作仏は界内外に通ずるを明す
(4)一切衆生悉有仏性の文を引く　(七三頁)
1)法宝の引拠とせる六経二論を出し
2)作者自ら十二文を挙げて悉有仏性の義理を弁ず
(5)定性二乗永滅の計を斥ふ　(九九頁)

1)枢要を引く
2)義鏡要略を引く
3)自ら八証を挙ぐ
(6)無性有情の実有の執を遮す　（一一九頁）
1)枢要を引く
2)究竟論を引く
3)羽足を引く
4)義鏡要略を引く
5)自ら八文を引きて之を論ず
(7)仏性の差別を弁ず　（一五八頁）
1)法相宗の法界無漏の種子を破斥し
2)瑜伽の真如所縁縁の種子を研詳し
3)法宝の三番の仏性を論弁し
4)正に天台の三因仏性を明す
(8)諸教の権実を明す　（一九一頁）
1)法華の実教を明し
2)深密の了義教を明し
3)余教の一乗を弁じて遂に法華の一乗常住仏性を以て究竟真実なることを闡明す

『一乗要決』は法華の一乗思想を強調し、一切衆生に仏性の遍通することを闡明し、法相三乗家における五性各別説を破したものである(31)。

しかし、日蓮聖人はすでに三一権実の問題は決着されたものとして、末代誹謗正法の者の救済に焦点を置かれているのである。そこに、大文第六の「遮二無性有情ノ執一」のもとに論ぜられた涅槃経解釈に大いに関心をもたれたものと推察される。

なお、日蓮聖人は、立正安国会版『日蓮大聖人御真蹟対照録』によると

二二九　一乗要巻上　御写本　（下一二六頁―一三九頁）（第十四冊）

二四五　一乗要決要文　（下三三一頁）（第十九冊）

三一六　一乗要決要文　断簡一四六等（下三七八頁）（第二十冊）

四〇八　一乗要決要文　（下四一五頁）（第二十冊）

四二〇　一乗要決要文　（下四二〇頁）（第二十冊）

四四五　一乗要決要文　（下四三一頁）（第二十冊）

等の『一乗要決』抜き書きが見られる。就中、（二二九）は巻上三十二紙表裏のうち第十六紙まで、間に他筆を含みながら、宗祖の真筆が遺されているとされる。他の要文はこの部分の抜き書きと見られる。（四〇八）は後にふれる「恒河七種衆生」に関する部分であり、他は一乗・三乗の問題の重要箇所を抜き書きしている。更に注目されるのは、

二二七　恒河七種衆生事　（下一一四―一一九頁）（第十四冊）

である。これは、日蓮聖人『浄蓮房御書』に要約されるところ(32)と一致する『一乗要決』の部分である。

さて、「恒河常没ノ者」については、大文第二（引二余経二乗作仏ノ文一）に入ってまもなく、一闡提の成仏の問題として問われている。(33)（因みに二乗作仏の問題は悉有仏性の問題であり、当然、一闡提成仏の問題と重

なってくるわけである。）

（涅槃経）第三十六。説二恆河常没ノ者ヲ一云。所レノ言没ト者。有人聞下是大涅槃経。如来常住。無レ有二コト変易一。常楽我浄。終不三畢竟シテ入二於涅槃一ニ。一切衆生悉有二仏性一。一闡提ノ人ハ謗二方等経一ヲ。作二五逆罪一ヲ。犯二四重禁一ヲ。必ス当ニレ得レ成二菩提之道一ヲ。須陀洹ノ人。斯陀含ノ人。阿那含人。阿羅漢人。辟支仏等。必ス当ニレ得レ成二フヲ阿耨菩提一。

聞二是ノ語一ヲ已テ。生二不信ノ心一。（第三十本三十二）

問。沼法師ノ云。問。若有下定性ノ二乗。不二作仏一者上。違四涅槃経ノ三十六ニ。説三須陀恒人。阿那含人。阿那含人。阿羅漢人。辟支仏人。悉ク当二ニ成仏一。聞二是説一ヲ已テ。不レ生二信心一ヲ。乃至云三是ヲ名二常没一ト。法華経云。声聞若菩薩。聞二クフ我所説法一。乃至於二テスルモ一偈一ニ。皆成仏無レ疑等。

答。此ハ説下不定ノ声聞四果及辟支仏。悉ク当二ニ成仏一。聞テ而不二信心一。名テ為二常没一等上ト。非レ説二ニハ一切ノ定不定性。皆当成仏一。不レハ爾。云何涅槃自云二ン皆当作仏不解我意一ト。已上(34)

大文第六に「遮二ス無性有情ノ執一ヲ」を論ずるのも今の箇所と密接な関係をもつものであろう。すなわち、

然モ日本一州。円機純一ナリ。朝野遠近。同ク帰二ス一乗一ニ。緇素貴賤。悉ク期二ス成仏一ヲ。(35)

又（涅槃経）三十六云。一切衆生ニ。悉ク有二仏性一。一闡提等。四果支仏。当二成仏一。聞二是説一ヲ已テ。不レ生二信心一ヲ。是名二常没一ト。(36)

等と、第五大段のなかに一乗のスローガンをかかげつつ、第六大段に入っている。そこで、「無性有情の執を遮す」ことについて、(1)に枢要、(2)に究竟論、(3)に羽足、(4)に義鏡略要、(5)に私に文を引く、という五項を立てるうち、第一の枢要について、同書が十文一量を以て「無性有情有ることを証」していることを述べる。

(1)に、無性闡提とは、行仏性がないという意味で、これを謗仏法僧（三宝）と名けるのであるが、しかし、断

善の闡提も、無性の闡提も倶に理仏性はあるという一師の説を挙げている(37)。

(2)には、涅槃経によって、①定性大乗、②不定性・③定性の二乗と無性についての考察である。そこにおいて、「第十一云。世ニ有二三人一。其病難レ治シ。一ニ謗大乗。二ニ五逆罪。三ニ一闡提ナリ。如レ是ノ三病。世ノ中ニ極重。悉ク非三声聞縁覚菩薩之所二能ク治スル一」ざることを述べる。(38)

(3)このような議論について疑問を起すものを「執着」と名づける、という(39)。（詳しくは第五大段）

(4)涅槃経三十六に、「一切衆生悉有仏性（という仏の随自意語）を後身の菩薩ですら理解することができないのだから、まして二乗等は理解することは困難であろう」とあるのを、慧沼（中国唯識家）が解釈して、仏性の認識の有無を行（仏）性の有無に限定して理解しようとし、真如の理（理仏性）は一切衆生にあって不変であるとの解釈をしようとするのに対して、仏性の体の有無という次元で論ずることはできないとしている(40)。

そして、(5)に恒河七種の衆生の譬えが挙げられるのである。

これに対する慧沼への反論について『一乗要決』は次のように答える。

(1)（沼公）「既ニ言二各一一ト。常没之者即是無性ナリ。不レ爾与二〈一人具七二〉何ノ別アル。」(41)

（答）「具七ノ常没。転シテ作ル二余ノ六一ト。当レ知。常ノ言ハ非二是畢竟一ニ。各一ノ常ノ言ハ。亦何ソ畢竟ナラン耶。況復各一ト者。横ニ論ス。具七ト者竪ニ論スルナリ」(42)

すなわち、七種衆生とは、一時に論ずれば七人各別となるが、しかし他面からすれば、一に七を具すこととなると理解して、決定論とは見なさない。

(2)（慧沼）「第一ノ人ノ中ニ。無性ハ畢竟没。有性ハ暫時ナリ。亦名二常没一ト。雖二倶ニ言一レト常。有二永暫ノ別一。如二三種ノ常一ノ。常ノ言ハ雖レ同ト。非レ無ニ二差別一。」

（答）「凝然相続不断ノ三種ノ常。雖レ有二ト差別一。終ニ無二尽期一。此ノ中ノ有性ハ。遂ニ得レ入レ聖。有二尽期一故

	浄蓮房書				一乗要決		
	日蓮云		善導『観経四帖疏』		涅槃経（北本）「獅子吼菩薩品」		涅槃経（南本）「迦葉菩薩品」
第一	誹謗正法の一闡提人常没の大魚	（謗法）	入水則没の一闡提人＝常没	末代の凡夫	入水即流	一闡提	常没大魚一闡提
第二	常没の誹謗五逆提婆達多・倶伽利・善星（等）	（五逆）	出已後没＝一闡提の如し＝常没		出已復没	復遇悪友断諸善根	暫出還没大魚提婆達多・倶伽利・善星（等）
第三			出已不没	舎利弗等の声聞	出更不没	堅住信慧心不退転	出已則住極弥魚舎利弗・目連等の五比丘、摩訶迦葉等の四衆
第四			出已即住	縁覚・菩薩	出已即住偏観四方	四声聞果	出已偏観四方錯魚遍観頂法四諦須陀洹果
第五			観方		観已即去	辟支仏	偏観四方錯魚斯陀含・人
第六			浅処		入已即法浅処即住	菩薩	行已復住錯魚阿那含
第七			到彼岸		既至彼岸登上大山	如来	水陸倶行亀阿羅漢果辟支仏・菩薩・仏

ニ不レ同二三常一ニ。故常没ノ言。不レ可二固執ス[43]」

(3)（慧沼）「涅槃経三十六云。生死ノ河ノ中ニ有二七種ノ人一。第一ノ人ハ者。断善常没。又第七ニ云。一切衆生。皆有二仏性一。以二ノ是性一故ニ。断二諸ノ煩悩一ヲ。得二阿耨菩提一。除二一闡提一ヲ。若云余ノ者ハ現ニ能タリ。闡提ハ当ニ能タリ。説レ現ヲ非レ当ニ者不レ爾豈除テ二闡提一ヲ。諸ノ難処等現ニ能ン耶。

（答）「常没ハ如レ前ノ。言二除一闡提等一者。於二仏法ノ中一ニ。以レ信得レ入ルフヲ。如二涅槃二十二云一。是レ菩提ノ因。雖二復無量一トリト。若説ハ二信心一ヲ。則已ニ摂尽。云云。一闡提ヲ名二信不具足一ト。余ノ諸ノ難処。不レ名二不具一ト。故ニ除二闡提一ヲ。」

（問）「涅槃第九云。除二一闡提一ヲ。其ノ余ノ衆生。聞二此経一ヲ已。悉ク皆能作二菩提ノ因縁一ヲ。法声光明入二毛孔一者。必定シテ当レ得二ニ阿耨菩提一ヲ云云。既ニ入二毛孔一ニ。為二菩提一ノ因一ト。何論セン二信心有無ノ別一ヲ耶。」

（答）「衆生ハ以レ心為レ主ト。一切ノ事随レ心ニ転ス。故無信ノ者。身不レ容二受声光一ヲ。或入ヲ二信心一ニ。名レ入ト二毛孔一ニ。如レ是等例非レ一ニ。或ハ除一闡提等ノ文。正ク顕二闡提ノ心分無一レ益。法声光明等ノ文。傍ニ不レ遮二闡提ノ身分有一ヲレ益耳。」[44]

慧沼はなおも、一闡提以外の得阿耨多羅三藐三菩提が明らかとなったのであるから、逆に一闡提の不成道は決定的となったとの論に対して、答は「一闡提」を「信不具足」ととらえている。

日蓮聖人は、『顕謗法鈔』に、七種の衆生に関連して〈一闡提〉にふれているが、その立脚点は、おそらく今の『一乗要決』の論を承けて、〈信〉〈不信〉の問題としてとらえている。

難シテ云ク、……闡提ト者、天竺の語、此には不信と翻す。不信ト者、一切衆生悉有仏性を信ぜざるは闡提ノ人と見へたり。不信ト者、謗法の者なり。恒河の七種の衆生の第一は一闡提謗法常没の者ナリ。第二ニハ五逆謗法常没等の者なり。あに謗法をそれざらん。答テ云ク、謗法ト者、只由《よし》なく仏法を謗ずるを謗法というか。

我宗をたてんがために余法を謗ずるは謗法にあらざるか。……(45)
機を見て或ハ讃《ほめ》或ハ毀ル、共に謗法とならず。而ルを機をしらざる者、みだりに或ハ讃メ或ハ呰ルは謗法となるべきか。(46)

ここでは具体的にいかなる経説の信奉が謗法となるかを論じているのであって、『一乗要決』との直接的な関連をもつ問答とはなっていないが、その問い自体に『一乗要決』の〈信〉〈不信〉を頂点とする問題の立て方が見られるのである。

常盤大定氏は『一乗要決』の仏性論を評して、「本有無漏種子と真如種子との問題を以てその骨格とし、一を論ずる時には必ず他を伴い、五性の差別の本有か新薫かの問題に於ても、又、有漏無漏の転不の問題に於ても、常に此種子観を背後に有す(47)」と述べているが、日蓮聖人においては、そうした問題を理的に論ずるのではなくて、具体的な誹謗正法の者の救済という面から、謗法一闡提＝不信の者という図式を導出したと見ることができるであろう。

なお、神戸和磨氏の「親鸞における仏性観(48)」によれば、『教行信証』の「一乗海釈」において「一切衆生悉有仏性＝一切衆生皆有一乗」が説かれ、「ただそれが無明に覆われて見ることができない」とされているのは、『一乗要決』第四大文「引㆓一切衆生悉有成仏文㆒」(49)と関連するという。同じく『一乗要決』を下敷きとしながら、宗祖と親鸞との解釈は大きく隔って行く。

ともあれ、日蓮聖人の謗法→堕獄の図式が、実は仏性論と深く関わっているものであることを改めて確認することができたといえよう。

第四項　小　結

さて、こうした日蓮聖人の仏性論乃至仏種論の特色をしめくくると次のようになる。

(1)天台が論じた相対種・就類種の問題を実践的に継承したのが日蓮聖人の仏性論の基本となるものであろう。

(2)具体的には、それは仏滅後・末法の五逆謗法の衆生の救済に焦点が当てられているのであり、したがって『一乗要決』が二乗作仏のテーマを一闡提成仏へと発展的に理解した点を重視し、謗法の衆生と雖も仏性があることを論証しようとした。

(3)日蓮聖人は「仏性」を論ぜず、ほとんど「仏種」の問題として論じている。それは、仏性の問題を普遍的に考えるというよりは、具体的に末法衆生救済に焦点をあてようとするところから来るのであり、〈信〉〈不信〉の問題との密接な関連によってアプローチしようとするのである。こうした点から見ると、〈在世の衆生＝三五下種の輩〉に対して、〈末法の衆生＝今の下種〉と図式化することができるのであり、つまり、一念三千仏種・妙法五字仏種とは、叙上のような教義課題を背景として、本未有善の者に対する今の下種をさし示す教義構成に基く信仰指針として強調されていることが確認できる。[50]

註

（1）『立正安国論』定遺（昭和定本日蓮聖人遺文）二一七頁（原漢文）

（2）茂田井教亨「日蓮聖人に於ける『謗法』ということについて」（『観心本尊抄研究序説』所収）は、その点に着目して論ぜられ、筆者も「聖人教学における謗法の意義」（『日蓮宗信行論の研究』第一章第二節所収）でこれを論じた。
（3）『地獄と人間』（朝日新聞社刊）中に、筆者は「日蓮の地獄観」を執筆した。同稿は聖人の地獄観を概観したものであるが、本稿は同稿に関連しつつ、『顕謗法鈔』に見られる地獄観の『往生要集』との関わりを中心に検討した。
（4）註（2）参照
（5）『日蓮聖人御遺文講義』（竜吟社　行日本仏書刊行会復刻）第十五巻の『顕謗法鈔』解題（井上恵宏）には、同書の八大地獄の相状、堕獄の原因等の詳述は『往生要集』一の文に依憑せられており、経論では正法念経・倶舎頌疏等に具さに出、祖書では『八大地獄鈔』と大旨同一であると述べられている。このことは既に『録内啓蒙』に述べられている。なお『本化聖典大辞林』の他は、祖書註釈書には経典を挙げるのみで、『往生要集』にはほとんどふれていない。
（6）日本思想大系6『源信』（石田瑞磨校注）
（7）吉田幸一・小泉弘共編『宝物集（九冊本）』（古典文庫）
（8）『往生要集』の序に、「顕密の教経はその文一にあらず。事理の業因、その行これ多し」とあるが、それは念仏往生の業因という意味で、日蓮聖人のいう業因とはやや異なるかと思われる。
（9）定遺　二五五頁
（10）同　一〇四七頁
（11）同　一〇九頁
（12）『撰時抄』その他
（13）定遺一〇七三頁・一〇七四頁

(14) 拙稿「日蓮聖人の宗教における謗法の意義」『日蓮聖人研究』所収（一九七二年、平楽寺書店）』

(15) 一 依二法華一立二一乗一、二 引二余経二乗作仏文一、三 辨二無余界廻心一、四 引二一切衆生有性成仏文一、五 斥二定性二乗永滅計一、六 遮二無性有情実有執一、七 辨二仏性差別一、八 明二諸経権実一

(16) 前註(14)の拙稿、『浄蓮房御書』(定遺一〇七三頁)『一乗要決』(恵心僧都全集二巻一一六頁以下) 参照。

(17) 『顕謗法抄』定遺二七二頁、『尓前二乗菩薩不作仏事』定遺一四六頁

(18) 『観心本尊抄』定遺七二〇頁

(19) 『日蓮教学の研究』一一八頁

(20) 『上古日本天台本門思想史』八頁

(21) 『本化聖典大辞林』二七八〇頁

(22) 『観心本尊抄研究序説』、とくに「謗法意識と下種の問題」二四七頁〜。

(23) 定遺一四五四頁

(24) 『日蓮宗信行論の研究』第三章第一節

(25) 『法華文句記会本』第十九巻十五丁

(26) 『天台性具論』三〇頁

(27) 同 三〇—三一頁

(28) 『始聞仏乗義』定遺一四五三頁

(29) 定遺一四五四頁

(30) 『恵心僧都全集』第二巻所収

(31) 『仏書解説大辞典』

(32) 定遺一〇七三―一〇七四頁
(33) 『恵心僧都全集』第二巻二五頁
(34) 同二六頁
(35) 同一一〇頁、なおこの部分は『曽谷入道殿許御書』(定遺九〇五頁)に引用されている。
(36) 『恵心僧都全集』第二巻一一六頁
(37) 同
(38) 同一二〇頁以下
(39) 同一二四頁
(40) 同一二四頁以下
(41) 同一二七頁
(42) 同一二八頁
(43) 同一二八頁
(44) 同一二八―一二九頁
(45) 定遺二六五―二六六頁
(46) 同二六七頁
(47) 『仏性の研究』四三二頁
(48) 『真宗研究』一七号
(49) 『恵心僧都全集』第二巻九三―九六頁
(50) 『観心本尊抄』定遺九一四―九一五頁、『曽谷入道殿許御書』定遺八九六―八九七頁

第五章　日蓮宗上代における本迹論の展開

はじめに

中世日蓮教団において本迹論が教学上中心の課題となり、いわゆる本迹一致・勝劣の論争を理由として教団の分立があったことは周知の事実である。それを一般化して言えば、本門法華に立脚した信仰の鼓吹とその立論が要求される中で、法華経の本門と迹門とをどのような関係構造においてとらえたらよいか。またそのとらえ方によって日蓮教学と天台教学の相違をどのように明らかにできるのかが検討されたといえよう。したがって、本迹論はその根本において日蓮聖人の体現された救済の絶対性を本門法華立脚の確証によって明らかにしようとする動機をもっているものであるから、単なる本門と迹門との相関関係という形式的側面にとどまらず、本尊・題目・成仏等の教義全体に関わってくるのである。そこに本迹論の複合的性格がでてくるゆえんがあるであろう。

しかし、最近宮崎英修博士が「興門初期における迹門不読論」(1)において指摘されたように、白蓮日興一周忌法要後に行なわれた仙代問答において迹門読誦の可否が論じられているのであって、日蓮聖人入滅直後の教団において迹門読誦・不読誦という極めて形式的な課題が問題となっていたことがうかがえる。そこに、本迹論が法華経の救済の自証という根本的命題に立ちながら、本迹の一致か勝劣かという論点をめぐる論争として展開してきた特殊性がうかがえるであろう。

一致論・勝劣論の類型化と教団分派との関係についてはすでに望月歓厚・浅井要麟・執行海秀の諸先学が検討整理されている(2)。小稿では、本迹論が日蓮聖人滅後どのように問題化されたか、それがやがて日蓮教団諸派の論争課題とどのように関わるのか、若干の考察を試みたい。

第一節　本迹論の興起

望月歓厚博士の「本迹論と日蓮宗の分派(3)」等によって知られるように、日蓮宗が教線を展開して行く中で本迹一致勝劣の論争が起ったが、本迹論が教団の命運をかけて論争されたのは、日什(一三一四—一三九二)、日陣(一三三九—一四一九)、日隆(一三八四—一四六三)等の諸師が各々本迹勝劣義を標榜して教団的自立を図った一四〇〇年前後のことであろう。即ち、六老僧をはじめとする直弟の系譜を継承する日蓮宗各門流が、夫々教線を展開し、漸く教団としての形を整えて行った時代である。日什が中山門流と接触をもったのは中山法華経寺四世辨阿闍梨日尊(一三一三—一三九九)の時代であり、日陣が日伝(一三四二—一四〇九)の『五十五箇条難勢』を批判し『本迹同異決』を著して越後本成寺に拠り京都本国寺と絶縁したのは本国寺五世建立日伝の時代であり、また日隆が妙顕寺を退出し紫野に本応寺を創建して独立を図ったのは京都妙顕寺五世具覚月明(一三八六—一四四〇)の時代である。

即ち、漸く本寺末寺の組織が構成されながら、一方では教団の目標と教団的現実との間に乖離が生じ、日蓮聖人の本門法華への回帰という形で教団と公武顕伸との癒着に対する批判が生まれたが、このような時点で教団批判が法華経の本門義顕揚と結びついて行ったと考えられる。したがってこの時点における本迹一致勝劣論の応酬にはさまざまの要因が込められているものと考えられるであろう。さてそれならば一四〇〇年前後以前において本迹論はどのように論じられて来たのであろうか。

そのような観点から日蓮聖人入滅直後の状況を見ると、本迹問題について六老僧はいずれも触れていない(4)。そして『日蓮宗宗学全書』上聖部及び興門集を一覧すると数点の関連書名が見られるが、今、年表風に掲げると左のようになる。

本迹問題が論じられ、一致派から勝劣派が教団的分立を図ったのは、いうまでもなく室町期である。しかしながら、今掲げたように宗祖入滅後間もなく本迹問題が論じられている。しかもそれらは本迹論として一括して論じられているけれども、宗祖入滅直後における草創期の教団における問題点と、すでに各門流が上洛定着した室町期段階における問題点とは、共通性を持ちながら歴史的経緯において相違点があるではなかろうか。

さて、そのような眼で宗祖入滅直後においてなぜどのような経過で本迹判が論じられたのであろうか。すでに望月歓厚博士によって論じられているように、宗祖入滅直後における教判的課題は権実判の段階であった(5)。筆者も論じたことがある通り、宗祖から直弟への教学継承の大綱は、『一代五時図』の図録数篇を見ても確認されるように、諸経に対する法華超勝の論理であった(6)。したがって、後代になって教団（門流）としての教義理解の統一性を要求されるために起って来るさまざまな教学課題はこの段階ではまだまだあらわになる必然性は起っていなかったであろう。

それならば、いかなる形で本迹問題が起って来たのだろうか。そこで改めて想起されるのは天目の迹門不読説

正安二	一三〇〇	祖滅一九	天目『円極実義抄』を著し本迹について老僧を難ず	『日蓮宗宗学全書』(上聖部)
正安四?	一三〇二	〃二一	天目『本迹問答七重義』を撰す	『日蓮宗宗学全書』(上聖部)
?			日法『本迹相違』	『日蓮宗宗学全書』(上聖部)
文保二?	一三一八	〃三七	日像『本迹口決』を著す	『日蓮宗宗学全書』(上聖部)
	一二九六〜一三四二	〜六一	日像『本迹同一文集』	『日蓮宗宗学全書』(上聖部)
	一三三四	〃五三	日仙日代寂仙坊に於て方便品読不を問答	
	一三三五	〃五四	大石寺日道書状を京都の日尊に遣して方便品不読・迹門得度を信ずる者あることを報ず	
			日叡『日仙日代問答』	『日蓮宗宗学全書』(興門集)
			日満『方便品読不之問答記録』	『日蓮宗宗学全書』(興門集)
?			日叡『本迹問答十七条』	『日蓮宗宗学全書』(興門集)
?			日叡『後信抄』	『日蓮宗宗学全書』(興門集)
暦応五	一三四二	〃六一	日祐『宗体決疑鈔』	『日蓮宗宗学全書』(上聖部)
?		〃六一	日眼『五人所破抄見聞』	『日蓮宗宗学全書』(興門集)
元中二	一三八五	〃一〇四	日什遠江府中にあり真間日宗と本迹勝劣を論ず	
応永三	一三九六	〃一一五	日陣『選要略記』	
〃四	一三九七	〃一一六	日陣『偏独強観破』	
〃一一	一四〇四	〃一二三	日伝『本迹問答広高義』『五十五箇条難勢』	
永享一	一四二九	〃一四八	日隆『四帖抄』	

が少なくとも日蓮聖人入滅十九年後に行なわれているといわれているという点である。

『円極実義抄』(7)によれば、天目(8)は日昭・日朗・日興・日向の四師が宗祖顕示の本迹義をよく会得していないとして、永仁五年（一二九七、祖滅十六）三月十七日、宗祖遺文蒐集を提案したにもかかわらず拒否されたことにつづいて、正安二年（一三〇〇、祖滅一九）五月十日以来、四師に本門主義の確認を迫ったことが述べられている。その主旨は『稟権出界抄(9)』に宗祖が述べられた第三の法門とは本門の三大秘法であるとし、四老僧等は本迹を混雑して本門の義を完全に顕現していないと批判するのである。

第三トハ者本門之三大秘法是レ也、四人ノ老僧等不レ知ラ二此義一ヲ、妄ニ混二雑シ本迹一ヲ、以テ二迹門一ヲ為シレ面ト本門ヲ為レスト裏ト、未レタ極二仏教ノ淵底一ヲ不レル得二本師ノ元意一ヲ者歟、雖レ受二其流一不レ知二其源一、総而失二如来遺嘱一、別而背二本師高祖一、旁以無二依拠一者也、依レ之大聖遷化之後、連連彼人人雖レ令二諫暁一都不レ用レ之、……就二本門大師元意一一同弘二通本門之三大秘法一諫二暁スレトモ彼人人一猶不レ用、其後正安二年太歳庚子五月十日已来天目不レ惜二身命一散散破二失彼老僧等一也、被レ破彼人人起二瞋恚一如二毒蛇一、天目之悪名立二一天一不レ可二称計一、雖レ然於二法門一一言無二返答一也、彼老僧達云、本迹無二勝劣一、故我等本師聖人朝夕行ハ本迹普行レ之、其上法房カ物狂云、大聖人破二迹門経一也、全無二其義一、迹門経ハ是レ我等カ本師弘通ノ正意也ト云フ、彼人人本師之以二所破一弘通ノ為二正意一、……（宗全一・七三〜七四頁）

しかし、『円極実義抄』『本迹問答七重義』には本門尊重は説かれているが、迹門不読説は明言されていない。迹門不読説は日興門流関係の伝承として残されているのであって、『五人所破抄』において日興の五老僧批判につづいて「此外の支流異議を構へ諂曲稍数多也」として天目にふれ、

其中ニ天目ノ云、已前ノ六人之談ハ皆以潮哢之義也、但シ富山雖レ宜シト有二リ過失一、乍レラ破シ二迹門一ヲ読ムコト二方便品一ヲ既ニ自語相違ナリ、不レ足レラ可二キニ信受一ス、若シ為二ト所破一ノ云ハハ者可レキヤ誦二弥陀経一ヲモ哉、云云（宗全二・八五頁）

との記述があり、『富士一跡門徒存知事』には日興所立の義を己義をする輩の一人として

去ル正安年中以来有リ二浄法坊天目ト云フ者一奉レ値聖人盗二取リ日興カ義ヲ一於テ二鎌倉一ニ弘二通ス之ヲ一（又蔑二如祖師一添加スル義モ有レ之）（宗全二・一二五頁）

と挙げられ、更に日眼の『五人所破鈔見聞』には前引の『五人所破抄』引掲につづいて

天目来テ二当所一ニ遂ル二問答ヲ一刻ミ、日興カ立義一一ニ承伏シ畢ヌ、若シ存セハ二正見ヲ一者尤モ可キ二帰敬ス一之処ニ、還テ致ス二方便読誦ノ難ヲ一誠ニ是レ無慙無愧之至也、夫取テ二狂言綺語之歌仙ヲ一而備フ二自作一ニ、卿相尚ヲ為ス二短才之耻辱一ト、況ヤ盗テ二終窮究竟之本門ヲ一而称シテ二己得一ト迷スレ人ヲ、争カ免ン二無間之業ヲ一哉、照覧在リレ冥ニ不レ可ラレ不ンハアル慎マ矣、（宗全二・五三二頁）

と述べられている。

この他、中山系の、日全の『法華問答正義鈔』にも同様の記述がある(11)。

これらによれば、少なくとも『五人所破抄』の系統に天目に対する批判が伝承され、その中に天目の迹門不読説が記録されているほか中山門流等にも同様の伝承があることが確認できるわけである。ことに日眼の『五人所破鈔見聞』の著作年代は康暦二年（一三八〇）のことであり、建武元年（一三三四）正月七日寂仙坊における日仙・日代の方便品読不の問答に関する記述も同書に録されているのであって、着実に推考するならば『円極実義抄』（一三〇〇年著作）から見れば八十年の年月を経ているわけであるが、その間に天目の迹門不読説が伝承されてきたことは事実である。しかも、日仙・日代の問答の記録のうち、日満の『方便品読不之問答記録』においてはふれられていないが、日叡の『日仙日代問答記録』には、「日仙ハ一向ニ迹門方便品ハ不レ可ラレ読ム云云、是亦天目日辨ノ義ト同辺也」（宗全二―四四五頁）と述べられているのであって、天目の迹門不読説は完全に事実として伝えられていたことが知られるのである。

このようにして『円極実義抄』における四老等に対する批判が迹門不読説に立つものであることが推察できるのである。即ち、

今眼前ニ執迹破本ノ者所謂辨律師、大国阿闍梨、民部阿闍梨、白蓮阿闍梨等是レ也、此ノ人人ハ不レル知二従本垂迹迹依於本及ヒ不識天月但観池月等之釈ヲ一歟、……（宗全二・八三～八四頁）

という天目への批判は天目の迹門不読説に与同しなかった四老等を日蓮聖人の本門義を充全に継承していないとする所説であることが推察できるのである。

第二節　天目の迹門不読説

いうまでもなく、『円極実義抄』著述の目的は円の実義を究明すること、即ち法華経の本門立脚の主旨こそ円の実義にあることを詮顕することにある。その意味では今日伝えられる本書が必ずしも下巻である必要はなく、見事に一巻の書物としての体裁を整えているといえなくもないのであり、（その意味で、本書の写体が時代を下って日蓮聖人滅後一九五年、文明八年（一四七六）であることが文献上考察の対象となり得るであろうが、今は本書が今の体裁で最初から成立していることを前提として考察を進めざるを得ないであろうが[12]。）本門の法体（という用語は使用していないにしても）の究明にあったことはいうまでもない。

しからば、その体をどのように問題にしたのであろうか。前引の四老僧批判にも関連するところであるが、その目標とするところは迹門修行の批判にあるのである。

『円極実義抄』下は前段に

法レ浅就レ深是如来本懐也、伝教大師ノ云、浅易深難トハ釈迦ノ所判、去レ浅就レ深丈夫之心也（宗全一・六四頁）

を掲げ、次いで法華経迹門・本門の「円」を詮顕するの必要を述べて次のようにいう。

爾前之未開会之円ハ者是レ為レ令レ入二法華経迹門之開会之円一方便也、迹門之円者是レ為レ令レ入二於本門真実ノ極円一之方便也、当レ知迹門之事理之麁妙ハ不レルコトヲ及二本中之事剰麁一、故以二本門相待一破レ迹為レ麁顕レ本為レ妙、所以ニ迹門ノ待絶二妙ハ不レ及二本之相待一、若シ開顕シ已ヌレハ本迹無レ異無レ別、……（宗全一・六五頁）

即ち、本門寿量品において教主釈尊出世の本懐が顕わされたと述べ、迹門の円は本門真実の極円の方便にすぎないと述べ、本門の極円が明らかにされて始めて本迹の間に差別がなくなると述べている。そしてその後十一番の問答が交わされるわけであるが、就中七番問答以降において問題が深められている。

結論的には、日蓮聖人は本門法華の極円を顕すために小乗・権大乗・迹門を次のように破したとする。

第一は、『法華玄義』（玄義会本九下34）の「但除二其病一不レ除二其法一、法不レ除故擬二化ヲ後ノ縁一ニ……」を挙げ、病そのものを破したとしてもそれに対応する治療法は認めるように、即ち対告たる聞者の執情を破するが、その対告に対して説かれたる権迹の法は機相応の教として認めるとするのである（七九頁以下）。この引文は『法華玄義』において名・体・宗・用・教の五重玄において妙法蓮華経の玄義を詮顕する中で、第二顕体段に説かれたるところであり、その前提は諸経に説示されたる円の教は終極的に一つのものであって、それをあらゆる機に対応して権迹の法と混合して説述したものとする。そこで『法華玄義』顕体段中において機・教の対応関係を挙げたものであるが、ここでは天目はこれをもって前述のごとく機・教の関係を教の対告（機）に対する説示の場面と説示された教えそのものの認否とを問題として、まず第一に蔵・通・別の三教を受けたる機がそれらの教に執情して停滞することを破し、しかしながら教そのものの存在な一応認める段階を措定する。

第二には前三教を受けた機の執情とともに前三教の教法を破し、それとともに「初心の人、円が偏を隔つと謂ふ、故にその執病を破してその法を破せず、病は人の過にして法の病に非ず、故に人を破して法を破せず」と述べて但円に執する機情を破してその法を認めるのである。

第三には、「若し執病を破して法を破せずんば還て執教の病を生ずべしとは、円法たりと雖も之を破すべし」と、但円に執する機情を破すのみならず、円法そのものを破すべきであるといい、その典拠として「世尊法久後要当説真実」「正直捨方便但説無上道」「十方仏土中唯有一乗法　無二亦無三除仏方便説」等の経証を挙げるのである。

第四に「本迹相対して之を言はば、近執の病を破して遠智を生ぜしめんが為に迹を破して本を顕す、故に本迹異りと雖も不思議一といふ」「実相は是れ本迹二門の帰する所、理性に符せんと欲せば初心なりと雖も常に芥爾の心を観ぜよ、心性に具すと雖も若し之を観ぜずんば即ち理に称はず、若し理に称はずんば他を益すること能はざるのみ」と述べ、法華経の中心は迹門に明らかにされた実相にあること、実相に近づくためには凡夫の芥爾の心に具す仏性を観じて行くべきであることを明らかにし、それに対して本門はこの法を説示された釈尊の仏格が伽耶近成にあるのではなく久遠成道の仏格に基いたものであることを明したものとするのである。後に「爾前迹門の諸経は帯権覆蔵の説」（宗全一・八一頁）として第四の判釈も否定されるのであるから、この第四は天台過時の所判として措定するものと推察したいのであるが、以下に日蓮聖人の『四信五品鈔』を引用し唱題の功徳を明らかにしているのであって、天目は一応、日蓮聖人遺文中にも本迹一致判を認めていることを容認しているものかと思われる。この点、天目は第五の円極実義の所判を明らかにしようとする余り、その過程として第四を措定したと考えられ、この第四の理論的不明確さもそれに基因するとも思われる。要するに第一より第三に至る所判は、爾前権教を、そこに円が説かれていても帯権の円であると否定しているので、その所判が明確であるのに対して、第四は本門迹門の実相は同体であるとする所説であり、但し久遠実成の開顕はその実相の久遠性を明らかにしたと見るのであろう。そして『四信五品鈔』の文を引証して、問曰、高祖何不レ進二一念三千妙観一唯令レ唱二題目妙法華蓮経一乎、答云、高祖反詰云、日本ノ二字ニ六十六箇国並ニ人畜財具漏レ之哉、然モ妙楽云、略挙二経題一玄ニ収二一部一ヲ、又云、略シテ挙二界如一具ニ摂二三千一、……（宗全一・八〇頁、定遺一二九八頁に該当）

の文中の「玄に一部を収む」の文、或はこれに続いて「妙法蓮華経の五字は文に非ず義に非ず一部の意耳、初心の行者其義を知らざれども自然に之を行ずれば其意に当る也」の「(法華経) 一部の意」の表現によって本迹一致の義が日蓮聖人にもあったことを明すかと思われる。そしてその場合の修行のあり方として一念三千の妙理を理解することと、それを超越して題目を唱えることをどのように調和させるかを考え、行住坐臥に散心を嫌わず唱題するのを有相行としてとらえ、それに対して解義ある人が唱題とともに直ちに一念三千の妙理を観ずるのを無相行としてとらえるのである。即ち、天台の有相行・無相行の修行を移行して、前者を有相安楽行、後者を無相安楽行としてとらえ、無智の者も有智の人も結局同一の救済に到達することを言おうとしているものかと思われる。

それに対して第五には、「爾前迹門の円実は三世諸仏世に出でて無始より法爾として破廃せられ、本門の純円を以て本懐の極となす。其故は爾前迹門の諸経は帯権覆蔵の説、本門寿量品の方便也」（八一頁）と述べ、迹門伽耶近成の仏格を破すのみならず、迹門の所説も三世諸仏の本懐の極理たる本門純円が明らかにされた後には破廃せられることを明らかにするのである。そしてそれは三世の諸仏がいずれも同じ経過をとられたように、華厳・阿含・方等・般若・法華＝涅槃の一代五時の教説において到達される結論なのであると述べる。そして、以下に「法華経に於て本迹の二経有り」として迹門所説とを明らかにする。

そこで、迹門修行の人々の主張を挙げて、かれらは「迹門には十如実相も有り闡提二乗成仏の文も有り、故に迹門正意は実相を顕すに有り」とし、「本門経」の本門正意顕寿長遠はただ迹門の十如実相の体を証する証体の用にすぎず、「(本迹）二門之体両処不殊、不思議一也、実相正意を主となすは正意は迹門にこれあり」と言い、仏格の上で迹門の伽耶近成の仏陀を否定し本門の久遠実成の仏陀を肯定していても、その法体においては迹門所説の十如実相こそ中心であると考えるところから出発しているところに大きな誤りを生じていると指摘する。そして天目はこのような実相同体論を唱えることは謗法の所説であるとしてこれを厳しく批判し、日昭・日朗・日向・日興等諸師に対してこれに同調する「執迹破本の者」として批判を加えている。

全体の文脈から言って日昭・日朗・日向・日興の諸師が迹門に執して本門を破しているということがどうして言えるのか判然としないが、前の引文にもあった「迹門修行の人々」ということが、諸書に述べるように天目の迹門不読論を顕わしているものと考えるならば、天目の主張を聞入れなかった四長老等は「迹門修行の人々」となると批判するものかとも推考される。

そして次に純円の極説たる本門経を明らかにするのであるが、ここで本門の所説こそ究極の円妙であることをくり返し述べている。

次至二本門経一破二爾前迹門之始成正覚一四教因果倶壊爾前迹門十界因果倶壊、従レ昔已来未三曾有二顕説一、無始久遠十界因果説レ之、是則真実本因本果法門久遠実成顕本也、九界具二無始仏界一仏界具二無始九界一本有常住真実十界互具百界千如一念三千也、……（八四頁）

この文章から想起されるのは日蓮聖人の『開目抄』の

迹門方便品は一念三千、二乗作仏を説て爾前二種の失一ッを脱たり。しかりといえどもいまだ発迹顕本せざれば、まことの一念三千もあらはれず、二乗作仏も定まらず、水中の月を見るがごとし。根なし草の波上に浮ベるににたり。本門にいたりて、始成正覚をやぶれば、四教の果をやぶる。四教の果をやぶれば、四教の因やぶれぬ。爾前迹門の十界の因果を打やぶて、本門の十界の因果をとき顕ハす。此即本因本果の法門なり。

九界も無始の仏界に具し、仏界も無始の九界に備《そなわり》て、真ノ十界互具・百界千如・一念三千なるべし。（定遺五五二頁）

の文章である。そしてまた、「円極実義抄」の

於二止観一有二十章一……従二大意一至二于方便一六重限二前四巻一、是妙解、宣二迹門之心一、今依二妙解一以立二正行一者第七正観ノ十境十乗観法本門之心也、一念三千ハ此ヨリ始ル、一念三千ト申ス事ハ迹門スラ猶不レ叶、何ニ況ヤ爾前ニ分絶タル事也、一念三千ノ出処ハ略開三之十如実相ナレドモ、義分ハ限二本門一、爾前ハ迹門之依義ノ判文、迹門ハ本門之依義判文也、但真実ノ依文判義ハ、本門可限、（八四〜八五頁）

の文は日蓮聖人の『十章鈔』（定遺四八九頁）の文と殆ど同文であり、この所引に次いで

天目所二相伝一本門大聖人ノ止観ノ法門如レシ此ノ、所謂止観明静前代未聞者天台以前諸師都不レ知二一念三千妙境一、故云二前代未聞一、天台以後華厳宗真言宗等盗二取天台ノ一念三千ノ極理一己カ宗ノ為レス極ト、似タレトモレ実ニ真ニ無レ墓者歟（八五頁）

と述べている。

　これらにより、また、第五段における迹門経・本門経の説段といい、天目の円極実義の領解は明らかに『開目抄』に立拠していると思われる。そしてその『開目抄』の本門開顕の法門の性格こそ正しく本迹論において終極的に明らかにされなければならないところであるが、天目は『開目抄』の所説を甚だ形式的に受けとり、本門開顕の円極実義に立つ限り迹門不読でなければならぬと考えたのではなかろうか。しかしながら一方では『十章鈔』解釈において日蓮聖人の本門法華経領受と天台の止観の真意とが一体として受けとられており、一方では

若知二時機相応一欲レ殖二仏種於心田一、高祖大聖ノ御書並可レ習二学天台宗ノ三大部一、天台宗ノ三大部者本門高祖之御書為二見聞一、於二御書一有二大綱一、所謂権実本迹是也（八六頁）

として、日蓮聖人の御書と天台三大部との関係を明らかにしようとしながら、一方ではそれが一体化してしまっているところに所説の不分明なところが残されているといってよいであろう。

ところで『円極実義抄』所引の文献としては第七問答に『稟権出界抄』、第八問答に『本尊抄』『治病鈔』『三沢抄』『開目抄』が挙げられ、第十問答において『本尊抄』『三沢抄』が、そして第十一問答に「四信五品鈔」『開目抄』『十章鈔』が挙げられている。第七問答の『稟権出界抄』は、「本門大師云、日蓮之法門ハ第三ノ法門也、世間粗ホ如レ夢一二ヲバ申セドモ第三ヲバ不申候云云」（七三頁）であり、ここにいう第一は爾前、第二は迹門に立拠する法門であるのに対して「第三者本門之三大秘法是也」とし、四人の老僧等はこの義を明確にせず、ために本迹を混雑して迹門をもって面とし本門をもって裏として本師高祖（日蓮）の真義を失ってしまっており、高祖滅後、それらを諫暁したのにそれは受け入れられなかったとしているのである。

第八問答所引の主旨は、「問云、迹門ノ経ハ云二本門大師所破一事何以得レ知」の問いに対して、

観心本尊抄云、爾前迹門ノ円教スラ尚ホ非二仏因一、何況大日経等諸小乗経ヲヤ等云云

治病抄云、於二法華経一又有二二経一所謂迹門与二本門一也、本迹相違水火天地相違也……一念三千観法有レ二、一理二事也、天台伝教等御時理也、今事也、観念既勝故大難又色増、……

開目抄云、……迹門方便品ニハ一念三千二乗作仏ヲ説テ爾前二種ノ失一ヲ脱タリ、雖レ然未二払迹顕本一不レ顕二実ノ一念三千一、不レ定二二乗作仏一猶如二水中月一、無レ根草似二波上浮一、至二本門一破二始成正覚一破二四教果一、……（七四頁）

の三書が挙げられるのみである。

第十問答はこれを承けて、天台が本迹双用であるのに対し日蓮聖人が本門義に立脚するのは、天台が迹面本裏なるに対して日蓮は本面迹裏であり、その理由は像法過時と末法今時の時機的相違、及びそれに伴う付嘱の性格

にあることを明らかにし、いわば日蓮聖人が別付嘱を受けた本化地涌の菩薩の応現たることを明らかにするために『本尊抄』・『三沢抄』が引用されていると見てよいであろう。そこから「高祖ノ巧智制許適二時機一、貴在二利物一全非二偏執一、本門興行之時必破レ迹顕レ本法爾必然也」（七八頁）「我師本門大師破二念仏真言禅等之諸宗一時不レ分二本迹一以為二一部経一破二彼邪義一、入二於自宗一分二於本迹一、以レ迹為レ権、以二本経一為レ実、破レ迹令レ入二本実一、是又得二仏意一用与随レ時」（七九頁）等の結論が導き出されていると見てよいであろう。

こうして第十一問答に入って五種の実義詮顕の過程を明らかにしようとするのである。勿論、天台三大部及び妙楽の註がしばしば引用されているとはいえ、『円極実義抄』が執筆される契機となっているものは正しく『稟権出界抄』・『本尊抄』以下の諸遺文であり、本化上行応現の救済を本門法華において明確に領受することにあったと思われる。しかし、「日蓮聖人の遺文」に参入して行くならば、日蓮聖人の本門法華提唱は単に迹門不読・本門読誦というようなものではなく、法華経を末法救済予言の教法として開顕することにあった。『円極実義抄』を虚心に読む限り、天目が果して迹門不読という形式にこだわっただけなのかどうなのか必ずしも明確ではないが、いづれにしても、天目は第三の法門としての本門の救済を強く老僧等に訴えたもののようである。そして『円極実義抄』第十一問答に見られるように、天目の最終的な拠り所は『開目抄』にあったのではなかろうか。その理由としては、第五の円極実義において、『開目抄』の趣旨を以て論を進め、更に迹門経・本門経という二段において論じていることが挙げられる。しかしながら、そのような理解は必ずしも日蓮聖人の本門義を適確にとらえているとは言い難く、やや形式をもっておさめようとしているかにうかがわれる。本迹論の方法ともかかわるが、終極的に本門法華開顕は救済論であるのに、第三問答に見られる「本迹ハ者是教門也、若迷二教門之浅深一観心不レ明、……」に見られる通り、教門として本門法華経義の優勝性を明らかにしようとする限りに於て非常に終らざるを得なかったように思われる。

第三節　日像の本迹一致説

さて、天目の迹門不読説に対して日向等との交渉が伝えられ、各門流に天目批判が行なわれているにもかかわらず、その所説に対する批判は文献として残っていない。そうした中で、年代的に注目されるのが日像の『本迹口決』（祈禱経裏書）である。日像の本迹問題に関する文献としては他に『本迹同一文集』があるが、同書は奥書によれば隆恕日遜が慶長十五年、身延山久遠寺十二世宝聚日意の写本を再写したものであるというのであり、引用遺文に『録内御書』の番号が付されているところから、日像の撰述になるものかどうか疑われており⒀、仮に日像の撰述にかかるものであるにせよ、後人によって手が加えられていると推察される。その所論は明らかに本迹一致、しかも体用本迹論であり、方便品所顕の実相為体論である。それに対して『本迹口決』もその主旨においては大きな差違がないにしても、より素朴な所説である印象を受ける。

『本迹口決』の撰述年代は明記されていない。しかし、同書は『祈禱経之事』の裏書であるから、『祈禱経之事』撰述の文保二年正月十三日の頃に『本迹口決』が撰述されたとすると、祖滅三十七年（一三一八）頃の成立ということになり、天目の『円極実義抄』執筆後十八年後に当るのである。日像は京都にあっても鎌倉の諸師らとの交渉密接であり、とすれば『本迹口決』が天目の迹門不読説を一つの機縁として執筆されたという推論もあながち無理とは言えないであろう。

さて『本迹口決』は極めて短かい文章であるが、結局、「一往勝劣再往一致」を主張するために、一往本迹勝劣とは機情に約するため、再往本迹一致とは仏意に約するためとする。しかし、そこにいう一往本迹勝劣とは釈尊在世においては迹本己分とするからであり、再往本迹一致とは仏滅後後五百歳の円人にあっては迹本未分であり住本顕本の上の迹本であって、それは具体的には非文非義妙法五字＝末法当時直行之本迹＝要行の妙法であるとする。ここに明瞭に室町期における一致派の理論であるところの本迹未分一体義と同一の考え方が提示されていることは興味深い。試みに今の所説を対比的に図示すれば左のようになる。

一往本迹勝劣―脱―一品二半―仏在世の菩薩・声聞の為の説必次第の法門―迹本已分―即迹而本―迂廻道、
一機転入、過時迹化の行――――広略二行

再往本迹一致―種―題目五字―仏滅後後五百歳の円人の為の法門――迹本未分―即本而迹―根本法華の重、
住本顕本の上の迹本、末法当時直行の本迹―要行の妙法

こうして、「自二一品二半一外ハ小乗教、邪教、未得道教、覆相教、論二其機一徳薄垢重(14)」という文言は一往、本迹勝劣を明らかにしているとした上で、再往他の遺文を見ればとして『法華取要抄』の「迹門正宗八品以二末法始一正之中為レ正」「本門序正流通倶以二末治始一為レ詮」の迹門本門倶に末法正意であるとの文言、或は法華経の一字一字が三十二相八十種好の仏陀であるから本迹一致であるとの文意をもって再往本迹一致を主張するのである。或はまた「破二近情一為レ顕二久本一」という久近本迹は一往勝劣の意であり、地涌菩薩を召して本化を顕彰しても迹化の弘経を止めないのは再往一致の意であるという。

要するに、日像は迹化の弘経においては本迹己顕勝劣であるのに対し、末法における本化の弘経は本迹未分一致であるとするのであろう。前述のようにこのような考え方は室町期一致派の主流をなすが、前述の天目の考え方とは全く異なっている。天目が明らかに観心を詮顕するための教相として本門開顕の円極実義を明らかにするため権教・迹門と次々に前階の教説を措定してそれを消去して行ったのに対し、日像は末治弘教の本門は本迹勝劣を超越して行ったものだという前提に立って本迹勝劣義を在世、正・像の法門として退けようとした。その目的はどこにあったかと言えば、それは『本迹口決』の最後の文に示される本化の弘教と本迹一致とを結合させる

ためであったであろう。即ち、「於二弘経一本化迹化菩薩違目事」の下に

迹化之弘経者於二正像一権実雙用ト広略ト摂受ヲ為レ面等（修行）也、（観二理観一也）

本化之弘経者於二末法一純円ト肝要ト折伏ヲ為レ面等之修行也（行二事行一也）

と述べるように、末法における弘経は純円の法を肝要五字の法をもって折伏を面となして行かねばならぬという主張である。

しかし、このような日像の主張に対し、天目も全く同様の形式論理に立っているとも言えようか？前掲『円極実義抄』の中にも謗法堕獄の恐れ、二乗・闡提・有情作仏の普遍性、そこに発する末法救済の問題が述べられているのである。とすれば、同様な信仰に立ち、折伏を行軌とし、本門重視↓五字要法（題目）弘教という同質の基盤に立ちながら、なぜこのように本迹論の発想基盤が違うのであろうかということが問い直されて来るのである。

そこで推論として言うならば、結局、天目の形式的消去論に立脚する迹門不読論に対して、日像は日蓮聖人の本門取義はそのような形式論でないとして、本迹を一致としてとらえながら、そこに本化弘教を完徹させようとしたではあるまいか。

第四節　日蓮聖人における本門開顕

日蓮聖人が、本門法華義に立拠していることは遺文の随所に示されている。例えば定遺二九四『富木入道殿御返事』（治病鈔）には次のように述べる。

法華経に又二経あり。所謂迹門と本門となり。本迹の相違は水火天地の違目也。例せば爾前と法華経との違

目よりも猶相違あり。爾前と迹門とは相違ありといへども相似の辺も有リぬべし。所説に八教あり。爾前の円と迹門の円ハ相似せり。爾前の仏と迹門の仏は劣応・勝応・報身・法身異レども始成の辺ハ同シキぞかし。今本門と迹門とは教主已に久始のかわりめ、百歳のをきなと一歳の幼子のごとし。弟子又水火也。土の先後いうばかりなし。而ルを本迹を混合すれば水火を辨ヘざる者也。（定遺一五一八－九頁）

この文章中、「本迹の相違は水火天地の違目也」をもってしばしば本迹勝劣の証拠とされるのであるが、この場合の本迹勝劣の内容は何かといえば、教主釈尊が伽耶城のほとり菩提樹下で始めてお覚りを開かれた始成の仏でなく、既に久遠の往昔において妙覚を成ぜられ、久遠にわたる衆生引導が示されていることを重視し、それが本門寿量品に開示されたところから、迹門方便品に示された一念三千の教法を更に開顕せねばならぬことを示していると見るべきであろう。なぜなら、そのような久遠の開顕なくして釈尊の一仏乗説示の意味も明かにならず、多宝如来の示現・十方分身諸仏の来集の意義も不明となるばかりか、末法の衆生に対する法華経の救済を実現する本化地涌菩薩出現の必然性も出て来ないであろう。その意味において「本迹の相違は水火天地の違目」であり、法華経以前の諸経と法華経迹門とは釈尊が久遠実成の教化を明らかにしていないということにおいて連続性があるのに対して、本門は一転して久遠実成の開顕という地点から迹門を照射する。即ち法華経以前の教説と法華経迹門の教説との関係について、「（釈尊の）所説に八教あり。爾前の円と迹門の円とは相似せり」と言って、次の段階の迹門の円と本門の円との断絶的関係を暗示している。しかしながら、「今本門と迹門とは教主已に久始のかわりめ……弟子文水火也。……本迹を混合すれば水火を辨へざる者也」と述べながらも、日蓮聖人は本門の教と迹門の教との相違を「体」の相違として断言してはいないのである。

即ち、迹門の否定は本門の顕現による迹門義の開顕ということとして考えられる。『開目抄』の次の文章はしばしば本迹論の中で引用されるが、そこに今の命題が明示されていると思われる。即ち、宗祖は一念三千・二乗

作仏と久遠実成が釈尊一代の綱骨であり、一切経の心髄であるとし、法華経の

迹門方便品は一念三千・二乗作仏を説て爾前二種の失一ッを脱《のが》レたり。しかりといえどもいまだ発迹顕本せざれば、まことの一念三千もあらはれず、二乗作仏も定まらず。水中の月を見るがごとし。根なし草の波上に浮ヘるににたり。

本門にいたりて、始成正覚をやぶれば、四教の果をやぶる。四教の果をやぶれば、四教の因やぶれぬ。爾前迹門の十界の因果を打やぶて、本門十界の因果をとき顕ハす。此レ既ニ本因本果の法門なり。九界も無始の仏界に具し、仏界も無始の九界に備《そなわ》リて、真ノ十界互具・百界千如・一念三千なるべし。(定遺五五二頁)

この文章について石川海典師は「爾前の迹仏と法華の本仏とを相対して、諸仏の統一を顕し、仏身観の極地を示されたもの」「顕本の法門は単に仏と仏との関係の闡明に止まらず、直に十界互具の関係を説示されたもの」とし、「無始常住の仏界と無始常住の九界との互具相即は、仏身観の徹底であると同時に、人身観・宇宙観の徹底であり、完成されたる一念三千の妙相である。……衆生と仏陀との同体の義は遺憾なく発揮され、仏界縁起の大哲学が樹立されたのである」と、仏身観の徹底により衆生への愛護、果より因への向下門の教法がここに明らかにされたと解釈している(15)。また山川智応師は仏界所具の九界=本仏縁起の法界が顕わされたとし、「そのような本因本果の法門こそ、法華本門の能詮の『教』であり、この教によって、本門の一念三千の『観』が打ちたてられる」と述べ、それは換言すれば、『我等本仏の中に在り』と同時に『本仏我等の中におはします』の超越と内在が同時に究竟する本仏縁起の法界、即ち、法界は本仏の一念の三千である時にのみ、その真実相を究竟することができる」世界がここに明らかにされたと解釈するのである(16)。

このように素朴に解釈する限り、本門開顕の意義は迹門の教説を媒介としつつ本仏縁起の教法への一大転換を迫ったものであることが理解されるが、しかし本門を立てることは決して迹門を形式的に切り捨てることではな

く、有機的に迹門の教説を本門化して行くものであろう。

今、『治病鈔』『開目抄』の一節を引用して日蓮聖人の本迹論にふれたが、実はこれらを中心とする遺文の解釈にこそ本迹論の全問題は集中するといってよいであろうし、それは本門・迹門の関係が一致か勝劣かということで終るのでなく、両者の関係において末法における法華経の救済をどのように領受するかにあるといえるであろう。しかし、聖人滅後における本迹論の展開は、そのような問題を内包しつつも、一致と勝劣との論争に傾斜して行ったきらいがある。天目の取捨の勝劣に示される形式論を発端とし、やがて富士門流における迹門読誦の可否論が行なわれ、それは時を隔てて勝劣門流へ形成へと展開して行ったのである。

第五節　日法の『本迹相違』

このように日蓮聖人においては本門をもって迹門を開顕する義は明らかにされているけれども、「体」という概念を導入して本門・迹門の勝劣を論ずることはしていない[17]。それならば直弟子たちはどうであったのであろうか。

日法自筆の『本迹相違』は天台の章疏と宗祖遺文とを引証類聚するという方法で本門と迹門との相関関係を考察したもので、直接論を積み重ねて行く叙述方法ではないが、かなり考察を加えていることが伺える。日法は『法華玄義』の「本迹雖殊不思議一」「二門之体両処不殊」という本迹一体の立場、「本迹二理殊」という本迹二理別体の立場を挙げ、次いで「又迹則有レ本、従二本開示悟入一故有二迹中開示悟入一、今開レ迹則顕レ本、本迹無レ二無レ別」(宗全一―一三七頁)と、本迹二門は開迹顕本によって緊密に一体化されているという命題を貫いているように思われる。日蓮聖人の『開目抄』の「至二本門一破二始成正覚一破二四教果一、破二四教果一破二四教因一、爾前迹門ノ十界因界ウチヤブル」の引文の前に『玄義釈籤』の「迹門与二諸経一有レ同有レ異、異謂二兼帯一、同ノ辺ハ不レ殊、故不レ須レ引、然ヲ下文云、本門ト与二諸経一一向異ナリ」「望二今本門一昔経ノ円機亦名レ失、是則四教倶ニ不レ知レ有コトヲ二本時之果一」（一三八頁）を引用して、『開目抄』に示された本門開顕の義を強調し、更に『開目抄』の文について『玄義釈籤』の「若執二迹因一為二本果一者、斯不レ知レ迹亦不レ識レ本、従レ本垂レ迹如二月現一レ水、払レ迹顕レ本如二撥レ影指一レ天、当下撥二始成之果皆迹果一指中久成之果是本果上也」（一三八頁）の文を挙げるのは、『開目抄』に明かされた久成の果＝本果が明かされることによってのみ法華経の真髄が顕わされるものであることを述べようとする意味かと推測される。

それに対して、一方では「若発二迹中之事理一、則顕二本中之事理一、亦知下由二本中之事理一能垂中迹中之事理上、迹既由レ本則本ハ妙、迹ハ麁、既有二本迹之殊一、故言二麁妙一、妙理則非迹非レ本不思議一」（一三九頁）と、前引の『玄義釈籤』の続文によって本迹の理の相違を認めつつ、本迹二門を一貫する妙理が非迹非本であり不思議一であることにおいて本迹二門の統一を求めようと思索したことが伺える。確かに日法は私に云くとしてその点を総括する。「私云、本迹雖レ殊不思議一、或二門之体両処不レ殊等ハ自二本門一開迹シ竟ル也」（一三九頁）。なお引証による考察は続くが、更に遺文を引証して日法が論じようとした意図は、『報恩抄』『観心本尊抄』『法華値難事』等によって、釈尊→天台→伝教→日蓮の外相承と法華経における天台の解釈・日蓮の開顕とを接続させた上で、日蓮聖人の末法における本門地涌千界としての出現の意義、末法の教法として別付嘱された「寿量品ノ肝要タル名体宗用教ノ南無妙法蓮華経」（『観心本尊抄』七一七頁）の弘経の意義を明らかにしようとしたものと思われる。

こうしてみると、日法が『本迹相違』を類聚した意図は、日蓮聖人の弘経の特殊性を強調しつつ、しかもそれが法華経の開顕にあったことの証明にあったと思われるのである。しかもここに引証された角度から天台章疏を見るとき、少なくとも荊溪湛然の論には本門立拠がかなり鮮明にあったということである。そこから日蓮聖人の法華経観を慮れば、日蓮聖人は形式的に本門の義を規定しようとしたのではなく、正しく具体的に末法救済の教法としての南無妙法蓮華経の五字七字の詮顕にあったとする法華経観の詮顕をこそ日法は志したのではあるまいか。

日法の『本迹相違』は、かれの『連連法門聞書』の性格にかなり近いものと思われ、日蓮聖人の会下にあったものとしての述作であって、恐らく天目の所論の影響乃至触発を受けたものではないように思われ、そこに迹門の体・本門の体という概念のないことを知るが、体という概念で注目されるのは中山三世日祐（一二九八―一三七四）の『宗体沢疑鈔』である。しかしながら同書において本迹問題は論じられていないであって、爾前得道有無事、爾前法華同異事において爾前諸経と法華経との体の同異ということが論じられているにすぎない。即ち、爾前得道有無事において「当世ノ天台宗ノ学者トシテ爾前無得道義不レ云レ之、何ッ限ツテ二当家ノ法門ニ一不ルレ可レ有二爾前ニ得道一之旨ヲ被ルルハレ仰セ大ニ不審也如何」の疑問に対して「当家法華宗ノ大途ハ以レ立ルヲ二爾前無得道一為ス二其最要一ト」（宗全一―三七七頁）と答え、妙楽大師の「既ニ識レハレ権ト己ニ永ク不レ用レ権ヲ」「権転シテ為レ実ト、所廃ノ体又亡ス」（三七八頁）という『玄義会本』一上序十の文を挙げるのである。ここで述べているのは結局、諸経における得道は「法華以前ニテ入シ二仏慧ノ法華ニ一者ノ事也」とし、法華以前における得道は「当教ノ得分トハ不レ可レ得レ意」「菩薩処々得入ノ文ハ且ク円体不殊ノ道理也」（三七八頁）と、爾前における得道は分々の得道であり、それは諸経に円体が不完全ながら説かれているからとする。また爾前法華同異事においても「一往ノ約教ノ時雖レ許二円体不殊一、帯方便ナル故ニ再往ハ不レ用レ之、茲ヲ以テ前三為麁ト云ヒ、前四味為麁トモ判給シヘり」（宗全一・三九三頁）と一応は法華以前の諸経の円体と法華経との円体は不殊であるとの約教判を提示するが、再往は両者の円体に差異を主張するのである。

このように爾前諸経と法華経との円体の相違を主張するが、引文によっても知られる通りこのような教義は既に天台のなかにも見られるところであり、日蓮聖人においても断じているところであって本迹の体の問題とは異質のものなのである。

小結

中世日蓮教学における本迹論の問題を考えて行くと、具体的に起った本迹一致勝劣の論争及びそれを理由とする教団分派の事実はあるにせよ、日蓮聖人入滅後における本迹論の興起と室町期における論点の転換の可能性があるのではなかろうか。

そのような意味からどのような形で本迹論が行なわれるようになったのかを考える一つの手掛りとして天目、日像、日法等諸師の所論について一瞥を加えてみた。以上の所論は全くの管見であって、問題点を挙げれば、日蓮聖人における本迹観、或いはそれを遡って考えれば天台教学における本迹二門の問題があり、また富士門流における迹門読不をめぐる問題等があるであろう。室町期における本迹論争はさまざまな所論が混在していると思われるので、どうしてもそれ以前の経過をたどる必要があると思われる。今、その一部にふれたのみで格別の見解を示すことは困難であるが、宮崎英修博士が「興門初期における迹門不読論」で提示された問題、即ち日興門流において日仙・日代の問答が行なわれた段階では迹門読不に関する結論が出されておらず、従って本迹論について明確な結論が出されていなかったのではないか、という疑問をもって日蓮聖人入滅後の状況を見てみると、改めて天目の迹門不読論に注目が必要と考える。即ち、天目は本門主義の完轍を期待するが故に、極めて明解に迹門不読論を提示したのではなかろうか。そしてこれが富士門流における本迹門答に何らかの形で関連しているのではなかろうか。

浅井円道博士が論考されたように、日陣・日伝の論争、及び日隆の本迹勝劣論には法体の勝劣ということが問題となっている。その法体の勝劣ということは本尊論・仏陀論・題目論・成仏論等に関わりを持つが、それが本迹論という形で論争されるということは、一方で取捨の勝劣＝迹門不読という極端な本勝迹劣論があった為に成り立つという側面があるであろう。

註

（1）大崎学報一二二号所収「興門初期の分裂と方便品読不論」

（2）望月歓厚「本迹論と日蓮宗の分派」（『日蓮教学の研究』所収）、浅井要麟「聖祖門下の本迹論」（『日蓮聖人教学の研究』所収）、浅井円道「法体勝劣論の一考察」（大崎学報一一〇・一一九号）

（3）『日蓮教学の研究』所収

（4）日朗『本迹見聞』（宗全第一巻所収）があるが、執行海秀博士は『日蓮宗教学史』において室町期成立書と見ている。

（5）『日蓮宗学説史』

（6）拙稿「日蓮聖人における門弟教育と教学の継承」（日本仏教学会年報三六号）

（7）宗全第一巻六四頁以下

（8）天目の伝記については執行海秀『日蓮宗教学史』参照。生没年等も明らかでないが、日蓮聖人より大曼荼羅を授与されている（御本尊図集）から、教団的にも一定の位置にあったものと推定される

（9）定遺一五八八頁の「富木入道殿御返事」の異称。文中の第三の法門について富士門流は独特の解釈を行

うので、問題となる遺文である。

(10) 富士山妙蓮寺五世（〜一三八四）

(11) 立正大学図書館写本

(12) この点において厳密な意味からすれば、同書の成立について文献的な検討が必要であろう。

(13) 執行海秀『日蓮宗教学史』

(14) 『観心本尊抄』取意。定遺参照。

(15) 『日蓮聖人御遺文講義』第二巻一二〇頁。

(16) 『開目抄講話』二三四〜五頁。

(17) 管見による限り、『十章鈔』の「名は必ス体にいたる徳あり。……日本国の謗法は爾前之円与法華円一という義の盛なりしよりこれはじまれり」（定遺四九〇頁）等においてのみ日蓮聖人は「体」という用語を使われるのであって、名体宗用教の五重玄をしばしば言われながら法華以前の諸経と法華経との分別を体として措定されることをしていないようである。このことは聖人の論理が形式に陥らぬよう、より現実的に考えることと関わりがあるのではあるまいか。

第六章　近世日蓮宗各派における教学体系化の様相

第一節　近世における教学体系化の動向

一般に体系とは、方法的連関およびその構成分子の組合せによって全体を想定することとされる。近世における教学の体系化ということが想定されるのは、中世教学の継承・展開を受けて、近世教学がより緊密な教義綱要の有機的解釈を進めているということであろう。

もともと、日蓮教学の体系は宗祖日蓮聖人において完成されているものである。そのことからすれば、日蓮聖人門下はその教説を継承すればよいのであって、事実、聖人入滅後暫らくの期間は文字通り聖人の教示の祖述に終始するものであったと言ってよいであろう。しかし、教団が社会的認知を受け、そのために他宗との論争が行なわれたり、またそれが各門流に帰って門流間の論争が行なわれるようになると、教義の論理性の強化、そのための天台学等の援用などが行なわれてくるようになり、日蓮聖人の劇的な生涯のなかで著わされた遺文の教説を再構成し、時代の問題と関わりつつより緊密な教義理解が行なわれてくるようになる。つまり、近世教学の体系化とは、そのような教義の有機的構成がどれほど進められたかということであり、また時代状況のなかでの信仰護持との軋轢をどのように解決して行くかということと考えてよいであろう。

第一項　一致派の動向

本章では主として本迹勝劣に立脚する諸派を対象として考察するが、簡単に一致派の動向にもふれておきたい(1)。

室町期から江戸初期にかけて、日蓮宗は安土宗論・不受不施事件をめぐって、次第に天下一統にもとづく宗教統制の圧迫を受け、折伏より摂受へと軟化して行く。教団的にも大きな存在であった寂照日乾（一五六〇―一六三五）・心性日遠（一五七二―一六四二）は、その師・一如日重（一五四九―一六二三）、更に三光無師勝会よりの教学を継承し、宗門の教育機関である飯高檀林等の各檀林の方向づけを行なって行く(2)。そうした中で、日乾の『宗門綱格』は宗義概説書として後陽成上皇に呈上されており、一つの教義体系叙述の軌跡として認められる(3)。日乾・日遠の系流にはさまざまな人物を輩出したが、(1)檀林教学派・(2)倫理的実践派・(3)内省派・(4)修正派の四系統に集約される。すなわち、摂受に立ちながら本門法華経最勝の教義を、(1)天台学研鑽によって理論化する、(2)行動の軌範としての事戒を通して信仰の倫理を明確化する、(3)観心悟道と唱題成仏との一体化を一念三千解釈において追求する、(4)前項に対し信心為本の唱題成仏を主張するという四つの教義研鑽の流れとしてである(4)。このようにして時代の状況の中にありながら絶えず本門法華経の精神を顕現しようとする努力が教学体系化への布石となって行くのであり、やがて、一妙日導（一七二四―一七八九）の『祖書綱要』や優陀那日輝

（一八〇〇―一八五九）の教学へと展開するのである。

第二項　勝劣諸派の教学の動向

安土宗論における日什門流の久遠日淵の参加やそれより後の常楽日経（一五五一―一六二〇）の斬刑に見られるように、勝劣派も天下一統の趨勢の中での統制下にあることに変りはないであろう。寛永末寺帳には勝劣派も身延の支配下にあるものとして記載されているのである。また、一致派が飯高檀林をはじめ諸檀林を興すのに対して、勝劣派も相提携して檀林を興していることに注意せねばならない。

門流	江戸前期			江戸後期		
	人名		主要書名	人名		主要書名
日什門流	常楽日経	一五五一―一六二〇	謗法顕示筆端	本昌日達	一六九一―一七七二	当家正義本迹易解抄
			本迹問答用心記	合掌日受	一六九二―一七七六	如実事観録
			本迹勝劣現文事	永昌日鑑	一八〇六―一八六九	心遂醒悟論
			法華顕要抄			
	乾龍日乗	一五九八―一六四五	信行要道義			
			流通捜源記			
日陣門流	智門日求	一五七六―一六五五	童蒙懐覧			
			本迹顕実記	唯妙日東	―一八二四	文底義
日真門流	妙雲日承	―一六八〇	本迹勝劣抄			
			三大部承記	忍定日憲	一六九五―一七七〇	即身成仏名字口唱決

日隆門流	円成日成	一六六四―一七四三	衆生成仏長短義			
			六即成仏義	守信日往	一七三六―一八〇二	百囲論
日興門流	恵光日瑤		法華経講釈			本尊決義論
(要法寺系)			寿量品見聞			
	信行日饒		到彼岸記			
	随信日舒	一六五二―一七一八	本因妙抄対見記			
			百六箇相承対見記			
	嘉伝日悦	一六五一―一七二八	本迹破邪決答			
			見聞取捨抄	久遠日量	一七七〇―一八五一	続家中抄
日興門流	了玄日精	一六〇〇―一六八三	元祖年譜			富士明細志
(大石寺系)			家中聞書抄	便妙日騰	―一八五五	祖書拾遺
	堅樹日寛	一六六五―一七二六	六巻抄			
			観心本尊抄文段			
			寿量品談義	常照日体	―一七三三	根本日蓮宗旨名目
日興門流						

これらの詳細は暫く措いて、よく知られる江戸前期・後期の教学者を挙げてみよう。

江戸前期の教学研鑽は後期に継承されるのであるが、江戸前期の教学研鑽にも室町期の継承祖述を中心とする書物もあるとともに、また新たな展開を遂げたのもあり、江戸後期の場合も前期を継承発展している例とともに前期に大成された教学体系を継承叙述するに過ぎない例もある。

日什門流の常楽日経は折伏逆化の精神を顕彰した戦闘的弘通僧で、教学関係においても対外的な権実論争を中心とし、その中で本迹勝劣・不受不施義を主張した(5)。元和八年（一六二二）勝劣各派合同の宮谷檀林創設により多くの教学者を輩出し、日迅（『本迹日迅記』を著す）の門下の自然日信が宮谷檀林初代能化となるが、同師には日信記が伝えられるほか著述は伝えられない。しかし、日信の門下より出た乾龍日乗は寛永寺で大蔵経を周覧し天台三大部を講じ、短篇ながら『信行要道義』は什門教学における信行論を確立したと見られている(6)。

日陣門流においては智門日求が『童矇懐覧』を著して陣門教学の大綱を述べたが、内容的には智秀日覚（一四八六―一五五〇）の『愚案集』『発心共輙』『偏強観破集』の教学を紹述したものとされる(7)。日真門流の妙雲日承の『本迹勝劣抄』は要法寺系と日真門流との合同になる小栗栖檀林の能化となり、三大部承記等を講じ、天台章疏の講讃に名声を得たが、宗義において見るべきものがないとされる(8)。日隆門流は関東に細草檀林、京都に大亀檀林を創して教学興隆に尽力し、伝了日崇（一六一五―一六八九）の天台学関係の講述を伝えるとともに、また円成日成が天台学の思想を基調とした内省的な宗学を組織したと言われる(9)。

日興門流においては、要法寺は広蔵日辰（一五〇八―一五七六）の影響が強く継承され、要法寺系と大石寺系との間の交渉が認められるが、江戸前期において教義の体系化を進めたのは堅樹日寛である。要法寺系の随信日舒・嘉伝日悦に僅かに後れて大石寺系の堅樹日寛が出るのであるが、恵光日饒の門下に大石寺の了玄日精を出し、日瑤は広蔵日辰が『録内御書』標準説を用いたのに対し、『御義口伝』「両巻血脈」を重視し、本因妙思想を強調し、要法寺系教学に大石寺教学の思想を導入したものと考えられている(10)。また日舒は大石寺隠居の日精に宗義を学び、日辰教学の祖述を志したが、日饒の思想を継承し、「両巻血脈」の思想を追求した(11)。これに対し、嘉伝日悦は日辰の指南によって日辰門流教学の伝統を回復しようとし、大石寺系教学が法華経一経の読誦と木像造立とを否定するのを批判する立場を日辰より継承している(12)。これに対し、大石寺堅樹日寛は了玄日精の講義を聴講して出家し、三河日要（一四三六―一五一四）・要賢日我（一五〇八―一五八六）等の教学を継承発展させ、広蔵日辰教学ならびに一致派等の諸門流に対して本因妙抄の思想を根本とする教学の体系化を図った(13)。

さて、以上勝劣各派の教学動向を概観して来たが、以下、これらの中で、日什門流の乾龍日乗『信行要道義』、日隆門流の円成日成『衆生成仏長短義』の構成による教義体系化への志向を見、更に日興門流の堅樹日寛・『六巻鈔』における教学体系化の基本を探りたいと思う。

第三項　乾龍日乗『信行要道義』の信行論

日乗は東金鳳凰山本漸寺六世日信について得度し、日迢・日要とともに日信に天台を学んだが、後、宮谷檀林において天台を講じ、『玄義考拾記』『文句述解』『止観述聞』のほか『西谷名目条例』『十不二門指要鈔随覧』等を著した(14)。当時の学門研鑽の動向を推察することができよう。それらに対し、宗義については『信行要道義』と『流通捜源記』しか伝えられず、中でも『信行要道義』は僅かに八紙の小品であるけれども本化の信行を適格に著したものとして著名である。

『信行要道義』は五問五答よりなり、まず第一に「問う、末代の初心、信を以て義と為す義如何」が掲げられる。それに対し、信を中心とするのは末代に限ったことではなく、大智度論等によっても信を初門となし根幹となすことが説かれているとする。第二に『法華文句記』に分別功徳品を釈する中に、一念信解は本門立行の首（はじめ）であるとする理由の問いである。それに対して、本門の信観は迹門の妙観に超えると述べ、如来の教法は正法・像法・末法の三時において三種の益を分つのであるが、今の末世には熟益・脱益ではなくて、唯下種の一益のみが残されていることを妙楽が明らかにしたものであり、それが本化の四依による本門の教の弘宣に展開すると述べる。第三に「末世の行要、何ぞ先ず寿量を信ずるを以て下種とするや」の問いが示される。迹門には三千諦の実相の妙理が示されているのだから、それを信ずることが下種とならないかというのである。この問に対する日乗の理解は、迹門の実相の妙理は修と性との差相があるのに対し、本門は理において修性体一であって、しかもそれを分けて久遠真実所知見の智願を信じて種とするというのである。即ち、迹門に対しては

若シ託シテ二塵々法々ノ境界一ニ称テレ性ニ達ルハレ理ニ是則調熟門ノ行而非ス二下種一、（四丁オ）

と、三千三諦の実相を観じ修するという理智の者の観行を経て始めて仏性が開発されるのに対して、今、本門は果仏の妙智願を凡愚の心田に下して仏芽の生種という下種益に立脚するから、理において修と性と体一となり、しかも凡愚の信を生育するために修性体一ではあるが、敢えて性徳本有の理の上に更に仏の智願を下種するという修が行ぜられるというのである。

今対二最下愚凡一而施二下種ノ益一、言二下種一者以二果仏ノ妙智願一下二之ヲ愚凡ノ心田一而為二仏芽ノ生種一、若シ性徳本有ノ理内ノ種子ハ無始ヨリ已来常ニ存シテ非レ適ハシメタルニ今也、何ゾ論二種ト不種一トヲ耶、故知、雖二理ハ修性体一ナリト一不レシテ分而分テ信二久遠真実所知見之智願一以レ之為レ種ト（四丁ウ）

それに対し、法華経寿量品（本門）が説かれる以前はこの果地所具の位々の功徳は少しも顕説されていないのであるから、迹化の菩薩はこれを全く知らないとするのである。題目を信唱する功徳はこの寿量品の功徳を受得するのであることが次のように述べられる。

既知二寿量極唱之義一、以テ為二ルノ下種一ト之義云何ゾ、謂ク寿量所顕ノ仏智ハ真ニ是レ果極自受用ノ妙智修顕得体之妙法也、我等一念信ルニレ之信念忽ニ至二果地ノ妙智ノ境界一……故ニ住二此信心一之人ハ六根三業忽ニ是レ果分所具ノ名字即ノ位也、豈ニ非二即身成仏ノ妙悟一耶（五丁ウ）

この所論は日什門流の多くの諸説の中で、日迅等の寿量品正意の傾向を継承し、また本果下種を信行論に即して展開したものとされる(15)。

第四の問いは、このように信念して果地の妙智に趣き即身成仏するというが、有為の心は念々に住することな

く随って起り随って滅するのではないか、信心滅するときには功力も亦滅することにはならないのかというのである。これに対しては、信力所依の心と信力とを分け、前者は有為の法であるために念念に滅するが、しかし、後者は時々に常住の智地と習応し冥符して永劫に朽廃することはないと述べ、凡愚の者は頓に大信力を起すことができないから、平生の善悪に触れて折り折りに信を起し、この信念が一つ一つ仏寿海に入る信行を践んで行くのだという。そして第五の問いは、信行の人はどれほどの時を経てそれを完成することができるのかという問いである。それに対して日乗は、経に示される七日・三七日・百日・一年・一生・第二生・第三生という短時日から曠大な時間の流れの中で本果の大法を信行する功徳の広大なることを信ぜよと説く。そして天台家の行門（理行）に対して当家の信心（事行）を挙げ、題目の信受による仏身成就ということは、仏と自身（凡夫）とを一応別立するけれども、仏の知見と己れの色心とは同一であると説く。

久遠ノ知見ト与二我カ色心一妙躰同一ナリ、而シテ信心ハ忽ニ至二如来ノ妙智一扣二発仏地一故ニ信心中ニ見二三宝一也

（八丁ウ）

今、教義理解の系譜を一々に分析することをせず、『信行要道義』の構成から日乗の宗義理解を窺った。本書は寛永十七年（一六四一）九月京都妙満寺へ晋董の翌年、即ち四十八歳で示寂する四年前に書かれたもので(16)、日乗自ら書籍をほとんど参照することができなかったことを語っている(17)。しかし、逆にそうであればこそ宗義論に限定されず、師の教義理念が率直に語られ、久遠釈尊の本果下種への信心を正因とする信行の構造が天台家等の階段的なものでなく、本仏の智願に包まれたという確信とそれに基く信行であることが明らかにされたことは注目されるべきであろう。ここに、従来の日什門流の法中心の自覚証道的な行法という考え方は否定され、日龍の『信行要道義』が継承され、そして師の二百回忌を期して、その前年の天保十四年に上梓されるに至るのである。

第四項　円成日成『衆生成仏長短義』の成仏論

日成は大石寺の堅樹日寛と同時代の人であり、日隆門流における当代随一の宗義学者であった。[18]教義学の展開とは何かということは、特に宗学史研究の上で大きな問題であると思われるが、総じて言うならば、宗義の理解についての考察が細分化して行くという傾向があると言えよう。日蓮聖人の教学が法華経に依拠しており、日蓮聖人が天台教学を基盤としつつ、それを超克して行くところから、日蓮宗学研鑽の為には、天台学の修学が必須であり、そこで、しばしば天台に傾斜していると言うことが見られる。この日成の『衆生成仏長短義』の成仏論を課題とする発想にそうした点が認められなくはなく、やがて江戸後期に久遠・皆成両派が論争を行なうが、同書は久遠系教学の萌芽をなすものとされるのも頷けるのである[19]。

同書の課題は、本門法華経の成仏とは速成妙覚ではなく、歴劫成仏であり、六即成仏[20]であるということにある。全体は、第一諸経論説、第二問答料簡、第三吾宗旨皈の三章よりなる。第一諸経論説の(1)爾前の諸経論で疾得仏道（大智度論）・一生十地満足（大日経住心品）等と言っても実には多劫を経ての成仏であり、因位に約する義であるという。(2)迹門の説では三周の声聞が劫数を経て分証作仏する旨を述べ、(3)本門の説では釈尊は久修業所得であり、本化大士（地涌菩薩）も歴劫成仏であるとし、結論的に次のように言う。

今案ルニ二本迹二門ノ所説ヲ一釈迦ノ因地及本化ノ大士尚是歴劫修行也、況ヤ余人ヲヤ、又有ラハ二一生入極ノ実事一則在世本迹二門ノ所化ハ直ニ得二仏化一生二大信心一、何ソ不レ証二極果一得タルヤ二相似已上等覚已還種々ノ因分ノ益一耶、……在世ノ因益尚非二速疾一、況ンヤ末代ノ行人何ソ輙ク証二極果一、所詮得ニハ二妙覚ノ果ヲ一必ス歴二劫数ヲ一、（二丁ウ—三丁オ）

第二問答料簡は歴劫の理由、自行化他を満じて極果に登る理由等につづいて受持の功徳によって一生に妙覚に入ることができないのかを問い、

所詮名字即ノ信者得二無尽ノ功徳一故ニ遠ク成ルニ成仏ノ種一ト、不レンハ爾者底下ノ愚人何ソ望ンニ極楽果之智地一耶、遠種ノ義最モ深妙也（五丁ウ）

と一生入妙覚を否定し、以下、経論疏釈と祖文についての問答と、計十五問等を展開する。その最後には歴劫成仏の義を明すならば即身成仏の名は亡くなるのかとの問いに対し、妙覚に至ることは非常に困難で多劫を経なければならないが、凡夫も根機が熟せば初住の位に入ることができるのであるからそれを即身成仏と呼べると言う。

若シ其レ衆生根機熟スル時忽ニ発二大心一精勤修習シテ革レ凡成レ聖至ルトキハ二初住位一ニ則不レ捨二肉身一但転二凡ノ身心一即成二聖ノ身心一ト、以二聖位ノ身心一終ニ至二大覚ノ位一ニ豈ニ非二即身成仏一耶（十三丁オ）

第三吾宗旨皈（帰）では七問答によって、歴劫成仏を説く限りにおいては権経・迹門・本門は同様であるとすれば、本門最勝はどうして言えるのかということを問題にしている。それに対し、権教中にも本具円融の法門は説かれるが真の本具の妙を説くのは法華経本門のみであるとし(21)、

以レ要書レ之、一切衆生証二入スルコト極果一ニ必経二劫数一其歴劫成仏之実義ハ唯在二本門一耳（十四丁オ）

と言う（第一問答）。それ故、他経の中に根熟の人は巨益を得ることもあり、また本門の中に根未熟の人は巨益を得ることができないこともあるが、それは円乗とは本地所証の一円法だからであると言い、

他経ノ一切ノ得益以レ脱帰レレハ種ニ悉ク是レ本門ノ得道也、……経ニ所レノ説小乗ノ析空生滅之法乃至円頓ノ三法無差等ノ法、得二タレハ其根源一ヲ皆悉ク本地所証一円法之少分也、（十五丁オ）

と断ずる。

最後第七の問答は、像法迹門の利益と末法本門の利益とは斎等であるかどうかという問いに対して、

答、所益雖レ同而彼ノ理観ト与二此事行一於二其行相一深浅難易格別也、何ツ斎等ナラン耶、教弥々実ナランハ信弥々下ル、行浅功深以顕力最モ是レ本門ノ妙能トナル者也（十八丁オ）

と、天台宗の理観と日蓮宗の事行とその行との差異は決定的であることを改めて確認していると言えよう。

要するに、即身成仏に対して歴劫修行を掲げるのは、現実的な修行への関心を基盤として始覚的思想を強調したものと見られ、門祖日隆の傾向とはかなり違ったものとなっているように思われる。そして立論の構成に於ても同様なことが言えると思われる。

第二節　堅樹日寛の『六巻鈔』と教学体系

堅樹日寛（一六六五―一七二六）は日興門流大石寺系の教学大成者として知られ、その著述には『日蓮聖人遺文』（御書）の註釈者、天台学関係書、宗義関係書が伝えられる。『法華玄義草鶏記』『法華文句草鶏記』『四教儀集解草鶏記』等、天台学関係の講述は、およそ細草檀林の化主に至るまでの時代に行なわれたとされ、正徳元年（一七一一、日寛四十七歳）師日永の命により大石寺境内の学頭蓮蔵坊に住し、それまで中絶されていた日蓮聖人御書の講述を行なった成果が五大部等の註釈書であるとされる。更に享保三年（一七一八、五十四歳）大石寺第二十六代を継承したが、在山三年、自ら蓮蔵坊に退いて再び御書の講述にあたり、その際、『観心本尊鈔文段』が大成したとされる。享保八年（一七二三、五十九歳）再び大石寺第二十八代となり、同十年（一七二五）さきに草稿の成っていた『三重秘伝抄』等を再治して、大石寺教学を体系化するため、『六巻鈔』を著した[22]。

それらの著述の成立とその相互の関連については堀日亨師が検討しているが[23]、ここではそれらを参照しつつ、『六巻鈔』における大石寺教学体系化の意図乃至意義について考察してみよう。

第一項　『六巻鈔』の成立と構成

『六巻鈔』の位置について堀日亨師は、日寛の著述に冗書はないけれども、同書は日寛三十年の言説の要約であり、それは釈尊と日蓮聖人との教説をよくその中に納めた会心作であり、であればこそ学頭の日詳へ譲ったものであると述べている。[24]言うまでもなく、『六巻鈔』は六巻より成り、各巻はそれぞれの主題を持ちつつ、相互に密接な関連をもっていることは、第五巻を除く各巻の巻頭に附されている前書きを通覧することによっても一目瞭然である。その『六巻鈔』という名称が後人の置題によるものかとされるのはそのような構成に関わっている[25]。

「三重秘伝鈔」第一は、『開目抄』の「文底秘沈」の文によって権実・本迹・種脱の教判を論じつつ、日興門流の事一念三千の解釈を確立しようとする。

「文底秘沈抄」第二は、文底秘沈の事一念三千の具現が本門の本尊・戒壇・題目の三大祕法であるとし、独特の解釈を展開する。

「依義判文鈔」第三には、三大祕法の文証と五箇（五義）の文証とを究明する。

「末法相応抄」第四には、末法初心の行者は一経読誦と色相荘厳の仏像造立とを不要とすることを論じる。

「当流行事抄」第五には、末法行者の正行と助行とについて、法華経方便品第二、如来寿量品第十六、唱題の項目のもとに論究する。

「当家三依鈔」第六には、三衣の縁由を尋ね、他門流が紫衣・香衣・綾羅の錦繡の七条・九条を着用するのに対し、日興門流のみが薄墨の素絹（法衣）・五条（袈裟）を着用することを、道理・引証・料簡の三段について論じる。

以上の構成を見ると、第一巻に事一念三千理論を論じ、第二巻にその具現としての三大秘法を論じ、第三巻にその文証と併せて五義とその文証を挙げ、第四巻に日興門流中、京都要法寺と大石寺との間に論争された法華一経通読誦及び仏像造立可否について一家言を掲げ、第五巻に方便品・寿量品も助行であって唱題のみが真実の正行であることを論じつつ、独得の正行助行論を展開し、第六巻に薄墨の素絹と五条とを着用することに独特の意義づけを行なっている。もちろん、それ以前においても第一より第三に至る宗義原論が論じられてはいるが、これらを適格に論証することによって、第四・第五・第六の具体的な施設と信行論と法服との意義づけを行なっている点に同書の特色があると言えるであろう。

さて、そのような構成を考えると、何と言っても同書の中心は「三重秘伝鈔」第一にあると言わねばならないが、そこに述べられる同書成立について一瞥してみよう。

「三重秘伝鈔」第一の巻頭には次のような前書が記されている。

> 正徳第三癸巳予四十九歳ノ秋、時時於ニ御堂一講ニ開目鈔一、而テ至ニ文底祕沈之句一其義甚深ニシテ真意難レ解也、
> 所以ニ文ニ分チニ三段ヲ一義ニ開ニ十門一ヲ、草案已ニ畢テ清書未レ成、虚ク蔵シテニ笈中一ニ不レ遑レ披レ之、而後享保第十乙
> 巳予六十一歳春、逅邂閲レスルニ之ヲ疎略稍多シ、故ニ粗加ニ添削一耳、敢莫レ留ニ未治ノ本一、然此鈔ノ中ニ多ク示ニ
> 大事一、此是偏ニ為ニ令法久住一矣、末弟等深察セシニ吾意ヲ一也云云　日寛謹記[26]

これによれば、「三重秘伝鈔」は正徳三年（一七一三）日寛四十九歳の『開目抄』講述の際の「文底秘沈」解釈に端を発し、文に三段を分ち、義に十門を開いてするその解釈を、十二年後の享保十年（一七二三）日寛六十一歳に添削・清書して門弟に遺したというのである。

さて、日寛はこの「文底秘沈」という語をもって日興門流の日蓮教学理解の鍵とし、その前後のフレーズに

よって釈尊一代の仏教を解析できるとし、更にそれは三世諸法説における本門法華経の優勝性を示すとし、日寛が始めてその意義を明らかにしたこと、「然るに此鈔の中に多く大事を示す」ということを明らかにしたと誇揚する。

ところで、今日では、日蓮聖人の『開目抄』の真蹟には文底祕沈という語がなかったことが確認されているが、今、この部分の文章が遺文集等でどのようになっているか簡潔に対照してみよう。

〔六巻鈔〕　一念三千ノ法門ハ但法華経ノ本門寿量品ノ文ノ底ニ祕沈シ給ヘリ[27]

〔録内啓蒙〕　一念三千ノ法門ハ但法華経ノ本門寿量品ノ文ノ底ニ秘シテシツメタマヘリ[28]

〔録内御書〕　一念三千ノ法門ハ但法華経ノ本門寿量品ノ文ノ底ニシヅメタリ[29]

〔昭和定本〕　一念三千の法門は但法華経の本門寿量品の文の底にしづめたり[30]

右のように、今日では、日乾の真蹟対照本によって、「秘して」という文字は日蓮聖人真蹟にはなかったことが確認され、流布本も同様であるが、同時に『録内啓蒙』等の註釈書には附け加えられていたことが知られる。

さて、「文底秘沈」について日寛は『開目鈔愚記』に、他門流の註釈に六種が挙げられるが、いずれも正釈とは言えないことと批判し、日興門流よりする正義を次のように述べている。

問、正義如何、

答、此ハ是レ当流一大事ノ祕要也□雖レ然今以二一言一示レサシ之ヲ、謂ク御相伝云、本因妙ノ文也云云、若論二セハ文上一ヲ只在二住上一、故云二寿命未尽一ト也、若非二ンハ住上一ニ曷ソ得二常寿一ヲ、故ニ大師釈二此文一、登二初住一時已ニ得二タリト常寿一ヲ云云、当レ知所三以ハ登二ル後後ノ位一ニ並ニ由二前前ノ所修一、故ニ知ヌ、我本行菩薩道ノ文底ニ久遠名字ノ妙法ヲ祕沈シ給フ也、蓮祖本因妙（抄）云云、興師ノ文底大事抄云云、可レ秘可レ秘云云[31]

すなわち、日寛は「文底秘沈」に日興門流の一大事の祕要を見出しているのであり、寿量品の文上には、釈尊の久遠実成が示されているが、久遠実成の果は我本行菩薩道の因に由るものであり、我本行菩薩道の文底に「久遠名字の妙法」が隠されているとする。そこに、「文底秘沈」解釈と、伝日蓮聖人撰述の『本因妙抄(32)』や伝日興筆受の『寿量品文底大事(33)』とを結びつけているのである。そして、日寛の批判する六種の解釈は、いづれも事一念三千に関わって解釈を進めているが、それらに対する日寛の批判は日興門流が独り主張する本因妙下種の一念三千解釈に基くものであることがここに示されている。

　その六種の解釈(34)とは、(1)「如来如実知見」等の文は（直接的には）能知見を指しているが、文底に所知見の三千がある（ことを示す）故に、(2)「是好良薬」等の文は、良薬の体とは妙法の一念三千なる故に、(3)「如来祕密神通之力」の文は、本地相即の三身を説いているけれども、文底には即ち法体の一念三千を含む故に、(4)寿量品の題号の妙法は、『本尊抄』に一念三千の珠を裹《つつ》むという故に、(5)通じて寿量品一品の文を指すとは、発迹顕本の上に一念を顕す故に、(6)「然我実成仏已来」の文は、『三大秘法抄』にこの文章を引用して一念三千を証し、『御義口伝』に事の一念三千に約して此の文を釈す故であるとする。

　そこで、今、安国日講（一六二六―一六九八）の『録内啓蒙』の「文底祕沈」の解釈のもとに、「次ニ文ノ底ニ秘ストアルニ就テ健鈔・朝鈔ノ如ク古来多義アリ(35)」として挙げる六義と日寛の『開目抄愚記』の解釈とを比較すると（多少の文字の出入はあるにせよ）全く同意である。このことから、『開目抄愚記』は『録内啓蒙』を参酌しつつ日興門流の解釈を示そうとしたものと考えることができよう。

　日寛が文底祕沈をもって本因妙の一念三千を顕したと解釈するのに対して、日講の『録内啓蒙』は「大覚世尊久遠証得の一念三千」「本迹超絶始本不二の南無妙法蓮華経」と解釈する。

(a)然ルニ今一念三千ヲ但本門寿量品ノ文ノ底ニ沈メ玉ヘリト遊ス事ハ、釈尊ノ久遠証得ノ一念三千ヲ迹門ニハ不ㇾ明始成正覚ト談シ玉ヘル辺ヲ簡ヒ、一念三千ヲモ其功ヲ本事ニ帰シテ本門寿量ヘ主ツケ玉ヘリ(36)

(b)総シテ諸御書ニ四箇ノ名言等ノ諸宗折伏ハ権実相対ノ筋ナリ、サテ本迹相対ヲ盛ニ遊シタル事ハ観心本尊得意抄ノ如ク天台過時ノ迹ヲ破シ玉ハンタメ、兼テハ真言宗ガ寿量最深秘ノ処ヲ盗取テ彼家ノ荘厳トスル誑惑ヲ対破シ玉ハン為ナリ、祖師ノ随自意ハ本迹超絶始本不二ノ南無妙法蓮華経ナリ(37)

(c)是則寿量品ノ文ハ箱ノ底ノ如ク所詮ノ一念三千ハ宝珠ノ如シ、猶立入テコレヲ云ハハ、此ノ事ノ一念三千ノ正体タル妙法蓮華経ハ本地甚深ノ奥蔵ニシテ、久遠所証ノ難思ノ境智ナル深意ヲ指示シテ文ノ底ニ秘シテシツムト遊レタル歟、誠ニ奇妙ノ御文書ナリ(38)

重ねて言うならば、『録内啓蒙』は文底秘沈とは大覚世尊久遠所証の境智は難思の深意なる事一念三千なることを示し、それは法華経迹門・本門を超絶した始成・久成不二（一体）の南無妙法蓮華経として末代凡夫に提示されているという理解である。

そこで連想されるのは、『六巻鈔』の「三重秘伝鈔」第一に示された〈義〉の十門の第二の〈文〉の三段である。すなわち『開目抄』の文底秘沈のフレーズの一句一句の意味を標・釈・結の三段に分け、釈において権実相対・本迹相対・種脱相対によって次第に一念三千の真義が明らかにされて行くことを論じているのである。『啓蒙』はこの分段の権実相対と本迹相対とにおいては同一の見解に立つと言ってもよいであろうが、『啓蒙』が前述したように「文底秘沈」を本迹超絶（始本不二）と理解するのに対して、『六巻鈔』は「種脱相対」と解釈する。そこに、本因妙下種の一念三千を基本とする日興門流の教義との結合が成立するからである。

第二項　事一念三千解釈と日興門流の教義

本因妙下種の一念三千と日興門流教義との結合を理解するために、まず「三重秘伝鈔」第一の構成を通覧するとともに、本因妙下種重視の文証を確認してみよう。

同鈔に「今、講次に因んで、文に三段を分ち、義に十門を開き、略して文旨を示す也、文に三段を分つことは即ち標・釈・結也、義に十門を開くとは……」[39]と、〈文〉の三段、〈義〉の十門を掲げているにもかかわらず、〈文〉の三段も〈義〉の十門の中に組み入れられて別の科段として立てられているのではない。十門とは左の通りである。

1　一念三千の法門が聞き難きことを示す
2　文相の大旨を示す（文の三段）
3　一念三千の数量を示す
4　一念に三千を具する相貌を示す
5　権実相対して一念三千を明すことを示す
6　本迹相対して一念三千を明すことを示す
7　種脱相対して一念三千を明すことを示す
8　事理の一念三千を示す
9　正像未弘の所以を示す
10　末法流布の大白法なることを示す

このように十門が立てられるが、その基本は2であり、そしてその具体的詮明が5・6・7であり、8・9・10は8の種脱相対によって明らかにされた文底の一念三千の意味づけである。

以下、その要義を追ってみよう。2の〈文〉の三段を図示すると左のようになる。

標――一念三千

釈
- 但法華経 ―権実相対（爾前当分・迹門跨節）
- 本門寿量品―本迹相対（迹門当分・本門跨節）
- 文底秘沈 ―種脱相対（脱益当分・下種跨節）

結―龍樹・天親知而未弘、但我天台智者懐此―正像未弘を決し、末法流布を顕す

このように文底秘沈のフレーズを一句一句意味づけし、「一念三千の法門は一代諸経の中には但だ法華経、法華経の中には但だ本門寿量品、本門寿量品の中には但だ文底秘沈云云(40)」と「但《ただ》」の意味を重く見、『稟権出界抄』（日蓮聖人遺文）の「日蓮が法門は第三の法門也(41)」を今の権実・本迹・種脱の三重の相対に結びつけ、日蓮聖人の真意は第三の種脱相対によって本門文上（脱益）を廃して本門文底（下種）の法門を明らかにしようとしたものであると理解する。これは当然、日興門流独自の解釈であり、第三の法門とは天台大師が法華経の特色として掲げた三種教相の第三、師弟の遠近・不遠近と解釈するのが至当である(42)。それは久遠釈尊の久遠絶対の教化を受けた弟子との関係が明らかにされてこそ、始めて末代幼稚の衆生救済が確認されるという本門法華経の原点を示すものだからである。それに対して今の三種相対の解釈は、ともあれ、日興門流独特の救済論を展開するための解釈としてなされているという点に着目するならば、門流教学として近世的体系化の方向にあったということができるであろう。

(1) 権実相対と一念三千

そこで、この釈に基いてまず5に権実相対を明すのである。すなわち、『開目抄』に二乗作仏・久遠実成を明して、爾前の諸経と対比し、次のように述べる。

（華厳乃至般若・大日経は二乗作仏を隠スのみならず、久遠実成を説キかくさせ給へり。）此等の経々に二ツの失あり。一には存二スル行布一故ニ仍ヲ未レ開レ権。迹門の一念三千をかくせり。二には言二始成一故ニ曽テ未レ発レ迹[43]。本門ノ久遠をかくせり。（此等の二ツの大法は一代の綱骨・一切経の心髄なり。）迹門方便品は一念三千・二乗作仏を説て爾前二種の失一ツを脱レたり。（定遺五五二頁）

これについて、引用文末の一念三千と二乗作仏について、一念三千は所詮であり、二乗作仏は能詮であり、これをもって法華経以前（爾前）の権教と法華経＝実教との違いが一念三千の顕・不顕にあることが明らかとなる。それを経論を挙げて更に論じている。

(2)　本迹相対と一念三千

6の本迹相対して一念三千を明すとは、一に迹本倶に一念三千と名づけ、二には迹を百界千如と名づけ、本を一念三千と名づけるとの二つの解釈に対する批判であるが、主として一について論述しており、『開目抄』前引の文章のつづきを根拠とする。

しかりといえどもいまだ発迹顕本せざれば、まことの一念三千もあらはれず、二乗作仏も定まらず[44]。水中の月を見るがごとし、根なし草の波上に浮へるににたり。本門にいたりて、始成正覚をやぶれば、四教の果をやぶる。四教の果をやぶれば、四教の因やぶれぬ。爾前・迹門の十界の因果を打やぶて、本門十界の因果をとき顕す。此レ即チ本因本果の法門なり。九界も無始の仏界に具し、仏界も無始の九界に備リて、真ノ十界互具・百界千如・一念三千なるべし。（定遺五五二頁）

前述の通り一念三千は所詮、二乗作仏は能詮であり、水中の月の譬は真の一念三千が顕れないことを言い、根無草（ねなしぐさ）の譬は二乗作仏が定まらないことを意味するという。この項の中心課題は、「問う、迹門の一念三千何ぞ本無今有ならんや」ということにあり、未だ迹門を発《ひら》かないから今有であり（未二発迹一故今有也）、また未だ本門を顕さないから本無ではないか（未二顕本一豈非二本無一乎）と、前に図示したように、迹門の一念三千は当分の益であり、本門の一念三千は跨節の益であることを明し、「仏界既に爾なり、九界亦然なり」と、仏界が発迹顕本されていないのだからまして九界も発迹顕本されていないというのである。このような表現自体に日興門流の解釈があるのであるが、結局、本門とは本因本果の法門を明かすのであって、この本迹相対の段階では充全に本門文底の義は明らかにされないけれども、その義からしばらく文上に約して、本因常住を明らかにするために本果常住が明らかにされるというのである。すなわち、引用文後半の文に即して次のように述べる。

四教果破四教因破等トハ者広ハ如二玄文第七巻ノ一也、此中ニ十界因果トハ者非二十界各具ノ因果ニハ一、因ハ是レ九界、因ハ是レ仏界、故ニ云二十界因果ト一也、並挙二釈尊ノ因行ヲ一通シテ収ムル二九界ヲ一也、是則本因本果ノ法門トハ者此ニレ有二深秘ノ相伝一、所謂文上・文底也、今ハ且ク約二文上一以消二此文一也、本因ハ即是無始ノ九界ナリ、経云……、既是本因常住故ニ云二無始九界ト一、本因猶常住也、何ニ況ヤ本果乎、故ニ経云……既ニ是本果常住ナリ、故ニ云テ二無始仏界ト一、本有常住名体倶実ノ一念三千也、故ニ云二真ノ十界互具・百界千如・一念三千ト一也云[45]云

このように「本因は無始仏界なり」「既に本果常住也、故に無始仏果と云う」というところに「まことの一念三千」があるという解釈である。日寛教学の方法は教相的であるという印象が強い。しかし、教相は救済乃至安心への過程的境界たる観心と表裏一体なのであり、教相は観心に安定するための仏教解釈であり、それを体系化したものが教理・教義であるといえよう。日寛教学の中心は、本因妙にこそ無始仏界を宿すのであり、それ故に末代の凡夫は無始仏界を具しつつ直ちにそこに摂入されるという無始仏界一如の境界を帰着点とするのである。

ところで、こうした理解は一致派の『開目抄』理解に結びつかない。前掲の『録内啓蒙』に事一念三千とは「釈尊の久遠の証得」「難思の境智なる深意」であり、それは本迹超絶・始本不二の世界であると述べていることと重ね合わせれば、その意図を知ることができよう(46)。

すなわち、安国日講の『録内啓蒙』は『開目抄』の「いまだ発迹顕本せざれば、まことの一念三千もあらはれず」を解釈して、「又或抄云、古来ノ一義云、未発迹顕本ノ未ノ字本迹一致ノ証拠ナリ、既ニ発迹顕本シ畢ヌレハ迹ノ一念三千モ真実トナレリ、今発迹顕本セサル法華ハコレナケレハ尤一致ナルヘシ云云(47)として、発迹顕本とは本門を開顕して迹門を否定することではなく、本門を開顕することによって迹門も開顕され、因果の二益はともに真実と定められ、本門・迹門ともに真実となり、本門が開顕された暁には迹門の仏因即本門の仏果と判ぜられるというのである。

本迹決疑抄上云……、雖レ然既開迹顕本シ畢テ後ハ、因果ノ二益共ニ真実ト治定スルナリ、此ヲ二種倶ニ実ト判スル也、今ノ御抄ニ本迹両門倶ニ真実也ト云ヒ、本門顕レ已レハ迹門ノ仏因即本門ノ仏果ト判シ玉フ此ノ意也、即ト云ハ体不レ二義ナル故ニ本迹ノ体全ク不二ニシテ一致也ト云心ニテ即トハ判シ玉フ也、至終ニ開迹顕本シ畢ヌレハ本門顕レ竟テ二種倶ニ実ニシテ帰二本迹一致一也(48)

そして、更に、勝劣派には、『開目抄』の一念三千の法門は寿量品の文底秘沈とは奪に立ち、『治病抄』の天台大師は理、日蓮聖人の法門は事とし、迹門にも一念三千を許しつつも本門と相対すれば勝劣雲泥を隔てているとは与の義であると、勝劣派が両門を与奪をもって理解しようとするのを批判しつつ、しかも、

且ク当御書（開目抄）ニ約シテコレヲ沙汰セハ、既ニ二乗作仏・久遠実成ノ二箇条ノ法門ヲ以テ爾前ニ相対シ、次上ノ二乗作仏ノ下ニ於テ多宝ノ証明、分身ノ助舌ヲ引テ真実ノ旨ヲ定玉ヘリ、然レハ発迹顕本セサル時モマコトノ一念三千ニシテ二乗作仏モ既ニ治定セリ(49)

と、本迹一致の義と『開目鈔』の文とを結びつけようとする。

これに対し日寛は、前引の『録内啓蒙』（第五巻二十八丁）の「未発迹之未の字本迹一致の証拠也、已に発迹顕本し畢れば迹即是本なるが故也」の文と、それに対する批判と、及び再び日講の釈とを要約している。ところで、『啓蒙』には次のように述べている。

難シテ云、若シ未ノ字ヲ以テ一致ヲ証セハ未顕真実ノ未ノ字モ亦已顕真実ノ円ハ方便即真実トナルト云ヘシヤ、已上或抄取意サレトモ向（日向・御講義書二十五）ニモ示スカ如ク権実相対ト本迹相対ト其ノ品替レル事吾祖ノ妙判ヨリ起リ、本迹只是一妙高広ノ道理ニテ、妙法一部ノ内ノ二門ニテ一一座ノ内ノ即施即廃ナレハ、別部別時ノ権教ニ対スル義ト一轍ニアラサル故ニ、十法界抄ノ御文言ニ則テ此義ヲ成セリト会得セハ、古来ノ義モ妨碍アルヘカラサル歟(50)

この文を「三重秘伝鈔」には次のように要約し論を進めている。

難シテ云、若爾ハ者未顕真実之未ノ字権実一致ノ証拠ナラン乎、其故ハ已ニ顕二シ真実一ヲ畢レハ権即是実ノ故也、日講重会シテ云、権実ノ例難僻案ノ至リ也、若必シモ一例ナラハ則宗祖何ソ名二テ予カ所レノ説ム迹一ト但誦二シ方便品一ヲ名二ケテ予ノ所レ誦スル権一ト不レル誦二弥陀経等一ヲ耶云云(51)

管見の限りでは、『啓蒙』には方便品読誦との関連は述べられていないにもかかわらず、「三重秘伝鈔」は日興門流よりする本迹相対の概念に対置する本迹一致論の解釈を批判する立場から『啓蒙』の所説を要約したものと推察できようか。

（3）　種脱相対と一念三千

前項の5権実相対、6本迹相対に引きつづいて7種脱相対の叙述に沿って考察すると、「三重秘伝鈔」のポイントはここにあり、しかもここに日興門流教学の伝承が確認されるのである。まず、この項の主意について

今言ハ二文底秘沈一トハ者、上ニ所レノ論三千猶是脱益ニシテ未ニ是レ下種一ナラ、若シ其下種ノ三千ハ但在二文底一故也[52]、

と述べる。すなわち、種脱相対とは本因下種益の三千を明らかにするということであり、文上の本門は本果脱益であるからそれを一段超えた本門文底を明らかにしなければならないというのである。

そこで「文底祕沈」についての諸説を挙げて批判するのであるが、七説のうち六説までは前掲した『開目鈔愚記』に挙げられた諸説であり、それは前述した通り『録内啓蒙』の踏襲である。

(1) 有ルカ謂ク、「如来如実知見」等ノ文底也、此文雖レ説二能知見一而文底ニ有二所知見一故也、

(2) 有謂、「是好良薬ノ」文底也、是則良薬之体、妙法一念三千ナルカ故也

(3) 有謂、「如来秘密神通之力ノ」文底也、是則文面雖レ説二本地相即ノ三身一、文底即含二法体一念三千一故也、

(4) 有謂、但是レ寿量品ノ題号ノ妙法也、畏二一念三千ノ珠一ヲ故也、

(5) 有謂、通シテ格二スル寿量一品ノ文一ヲ、是則発迹顕本ノ上ニ顕二一念三千一故也、

(6) 有謂、「然我実成仏已来ノ」文也、是則（三大）秘法抄ニ引二此文一正ニ証二一念三千一、御義口伝ニハ約二事ノ一念三千一釈二此文一[53]

これに加えて

(7) 有師ノ云、説二クニ本因妙一但明二三妙一、所謂「我本行ハ」是レ行妙也、「菩薩道ハ」是レ位妙也、「所成寿命

ハ」是レ智妙也、故ニ天台云……、妙楽云……、是則智必有レ境故也、故知、文面ハ但雖二智行位ノ三妙一、

文底ニ境妙ヲ秘沈シタマヘリ、境妙ハ即是一念三千、故ニ云レ爾也、

と、本因妙の文上は迹門十妙のうちの行・位・智の三妙であり、その文底、本因妙の境妙を明すのが一念三千であるというのである。

しかし、これら計七種の解釈は結局、いづれも文上の所説であり、血脈相承を受けていないものは文底を知ることができないし、逆に若し文底の義を知らないものは蓮祖（日蓮聖人）の門人とは言えないとするのである。そこで結論的には日興門流の文底秘沈義を

師曰、本因初住ノ文底ニ久遠名字ノ妙法一念三千ヲ秘沈シタマヘリ云云、応レ知登ルコトハ後後ノ位一ニ由二前前ノ行一ニ也

云云[54]

と示し、次いで『本因妙抄』末文を引用して結章している。

問云、寿量品ノ文底一大事トイフ事秘法如何

答云、唯密ノ正法也、可レ秘可レ秘、一代応仏ノ域ヲ引タル方ハ理ノ上ノ法相ナレハ、一部共ニ理ノ一念三千、迹ノ上ノ本門寿量ソト令レ得レ意事ヲ脱益ノ文上ト申ス也、文底トハ者久遠実成名字ノ妙法ヲ、不レ渡二余行一ニ、直達正観事行ノ一念三千南無妙法蓮華経是也[55]

この『本因妙抄』引用について、『寿量品文底大事』との関連が考えられる。すなわち、白蓮阿闍梨日興の筆受之部として伝えられる『寿量品文底大事』は短文であるが、その文初には

問云、開目抄上云　一念三千ノ法門ハ寿量品ノ文底ニ秘沈シタマヘリト云意趣如何[56]

と述べ、「仰云」と記すなかで、

所謂、文底トハ者久遠下種ノ法華経名字ノ妙法ニ今日熟脱ノ法華経ノ帰入スル処ヲ志シ給也、サレハ妙楽大師釈云、

雖脱在現具騰本種云云

という文章は明らかに『本因妙抄』末文との関連を思い起させるものであり、『寿量品文底大事』の

仰云当流相伝惟ニ谷トリ、雖レ不レ可ニ口外一為ニ末代一一筆残レ之、敢テ不レ可レ有ニ聊爾之義一……

と、「三重秘伝鈔」の

問、当流ノ意如何、答レ此一大事ナリ、向レテ人不レ説云云(57)

とは、口伝を尊重する日興門流の共通性とともに、文章の流れの上での意味づけの関連を思わせるのである。

このような「文底秘沈」と本因妙下種を結ぶ所説は、大石寺日有（一四〇九―一四八二）の『有師説諸聞書』にも見られる。すなわち、西山方の僧・大宝律師が日尊門徒に『開目抄』の文底秘沈の意味を問うた時に、日昭門跡のその依拠の経文（然我実成仏已来）の理解を批判し、白蓮日興の義はそれを一重超えたものであり、更に化儀化法との関連を重んずる必要が述べられ、問者に日有が答えた内容が次のように述べられる。

興上（日興上人）、如来秘密神通之力の文底にしづめ御座すと遊ばされて候、其ノ故は然我実成仏已来の文は本果妙の所に諸仏御座す、既に当宗は本因妙の所に宗旨を建立する故なり、彼ノ文にては有るべからず、さて如来秘密神通之力の文は本因妙を説かるるなり(58)

このように、如来秘密神通之力（寿量品）を本因妙を明らかにする経文として重視することが述べられる。また、この次の項には本因妙下種について

仰セに云く、惣して我等凡夫初心にして余念の事も無く南無妙法蓮華経と受ヶ持ッ処の受持の一行・即一念三千の妙法蓮華経なり、即身成仏なり、其ノ故は釈尊の本因妙の時も妙法蓮華経の主と成りたまへば仏なり(59)

と述べられていることも、『本因妙抄』以来の教義理解の共通性を思わせる。同じく日有の聞書として伝えられる『雑々聞書』（当流得意の事たり）の最初に、

一、仰セに云く、当家約束の本果成道は本因の修行に依り、本因妙の最初は名字即に起る云云[60]

とあるのもこれらと同様の趣旨である。

これらと同様の教説は日寛の著述の各処に述べられている。そしてまた、最初に『六巻鈔』の構成を見た通り、教義から儀礼に至るまでを、すべてこの本因妙下種の一念三千によって意義づけたところに、日寛の日興門流教学体系化の方途があったことが理解される。そうすることによって、各教義・儀礼が正に門流の正統性として主張される基礎理論の意味が成立するのである。

第三節　小　結

以上、江戸前期日蓮宗勝劣各派の教学動向について摘記し、乾龍日乗・円成日成・堅樹日寛の三師についてその論述から教学の構想を追跡してみた。

三師の著述について共通して言えることは、教学論議としては経論釈ならびに祖書を引用し、その教義論を展開しているが、その基本に、通じて実際的信行生活上の課題が想定されているのではないかということである。すなわち、日乗の『信行要道義』は信徒の信行の心構えの問いに対する率直なる回答であり、日成の『衆生成仏長短之義』は仏道修行と妙覚への達成の関係が即身成仏として曖昧にされてはならないという信仰の要請としてあったことが想定される。堅樹日寛の『六巻鈔』は一念三千論より出発するが、しかし、それは単なる論理に終ることを予想するのではなく、具体的な日興門流伝統の宗義・儀礼等の意義づけに収約される論理として予定されているものと言えよう。

今はこれらについて一瞥を与えたに過ぎないのであるが、同時にこうした要請が教団の状況として出て来ているのではなかろうか、と愚考するところである。既に見たように、これらの著述は単に一人の構想によってなされたものではなく、門流の要請の中で著述としては残されぬとしても、積み重ねられ練り上げられ継承されてきた構想のヴァリエーションとして結実されたものではなかろうか。とすれば、このような教団状況との関わりが課題として残されるであろう。

そうして、実際信行生活上の課題から発想されて来た教学は、より抽象化されて行く面と、より具体的な課題に細分化され、または行動理論化されて行く面とに分化されつつも、次第に精緻な論議へと展開して行く、だが、近代に入り時代社会の状況が大きく転換すると、再び三度、原点に帰って教団の果すべき役割を考えねばならなくなってくる。その際、江戸期における教学体系の意味づけ、問いかけが必要になって来るのである。

注

(1) 一致派教学の展開については、望月歓厚『日蓮宗学説史』、執行海秀『日蓮宗教学史』の研究を承けて、副論文『日蓮宗信行論の研究』で論じた。本章は、基本的には同書と照応するものと考えるのである。

(2) 執行海秀『日蓮宗教学史』二〇九頁以下

(3) 渡辺宝陽『日蓮宗信行論の研究』二七五頁以下

(4) 執行前掲書二二一頁

(5) 同右二五六頁以下

(6) 同右二五八頁以下

(7) 同右二六三頁

(8) 同右二六四頁

(9) 同右二六六頁
(10) 同右二六八頁
(11) 同右二六九頁
(12) 同右二七〇頁
(13) 望月歓厚『日蓮宗学説史』六一五頁、執行前掲書二七五頁
(14) 『信行要道義』の跋
(15) 望月前掲書四三二頁参照
(16) 笹川義孝編・発行『信行要道義』二〇頁
(17) 『信行要道義』五丁オ
(18) 執行前掲書二六五頁
(19) 同右二六六頁
(20) 同右二六六頁、衆生成仏長短之義三丁オ
(21) 『衆生成仏長短之義』十三丁ウ
(22) 「日寛上人略伝」(日蓮宗宗学全書＝宗全第四巻)、望月前掲書六一五頁、執行前掲書二七五頁
(23) 「六巻抄註解に就ての総序」(富士宗学要集＝富要第三巻一頁)
(24) 富要三巻二頁
(25) 執行前掲書二七六頁
(26) 宗全四巻一頁
(27) 同右

(28)『日蓮宗全書』所収同書第二—四〇五頁
(29)『録内御書』第二巻七丁
(30)定遺五三九頁
(31)宗全四巻二五〇頁
(32)同右一頁
(33)同右四四頁
(34)同右二四九頁
(35)日全『録内啓蒙』四〇六頁
(36)同右四〇五頁
(37)同右四〇六頁
(38)同右四〇八頁
(39)宗全四巻一頁
(40)同右三頁
(41)定遺一五八九頁(富木入道殿御返事)
(42)『録内啓蒙』(日本本)五〇二頁、『日蓮聖人御遺文講義』第十七巻三八八頁、『日蓮宗読本』一四五頁、茂田井教亨「大石寺日寛の教学」(『創価学会への教学的批判』一二〇頁)
(43)『六巻鈔』の引用は現行遺文とは多少表現上の違いがある。
(44)『六巻鈔』には「猶」の文字が加えられている。
(45)宗全四巻一三—四頁

(46) 日寛は、安国日講『録内啓蒙』の本迹一致の説を批難し、「今大弐（日寛のこと）完璽として云く、此難太だ非也」と言う。（宗全四巻一一二頁）
(47)『録内啓蒙』五一二頁
(48) 同右五一三頁
(49) 同右五一六頁
(50) 同右五一二―三頁
(51) 宗全四巻一二頁
(52) 同右一四頁
(53) 同右一五頁、以上の引用文は『開目抄愚記』（宗全四巻二四九頁）とほとんど同じである。
(54) 同右一五頁
(55) 同右一五―六頁、引用文は宗全二巻九頁に該当
(56) 宗全二巻四四頁
(57) 宗全四巻一五頁
(58) 富要二巻一五二頁
(59) 同右一五三頁
(60) 同右一六三頁

第七章　日蓮教学における三昧の問題

第一節　但信受持と観心

日蓮聖人が三昧について語られたことは皆無であり、むしろ『開目抄』には「設ヒ山林にまじわって一念三千の観をこらすとも、空閑にして三密の油をこぼさずとも、時機をしらず、摂折の二門を弁へずば、いかでか生死を離るべき」（定遺六〇七頁）と述べ、『南条兵衛七郎殿御返事』には「いかなる大善をつくり、法華経を千万部読ミ書写し、一念三千の観道を得たる人なりとも、法華経のかたきをだにもせめざれば得道ありがたし。たとへば朝《ちょう》につかふる人の十年二十年の奉公あれども、君の敵をしりながら奏もせず、私にもあだまずば、奉公皆うせて還てとがに行はれんが如し。当世の人人は謗法の者としろしめすべし」（定遺三二一－二頁）と述べられている。

日蓮聖人は、釈尊の随自意の教は法華経であり、しかも法華経は滅後末法の始に弘められるべき法として説かれた純円の法であることを明らかにされた。そして、教・機・時・国・序（師）の五義判によってこのような結論に到達する道筋と、このような釈尊の随自意がこの五つの面に要約されて顕現されねばならぬことが明らかにされ、法華経は但信受持によって負荷されねばならぬことをくり返し述べられている。それは、本門の本尊、本門の戒壇、本門の題目という三大秘法によって信じ行ぜられねばならぬのである。「山林にまじわって一念三千の観をこらすとも」とか「一念三千の観道を得たる人なりとも」という意味は、日蓮聖人にとって、真実の仏教とは滅後末法の始めに開顕さるべき法華経であり、それは但信受持のみによって文字通り受持されるものであって、そこに凡智をはさむことは末法（法滅尽時）においては無用のことであるとされたのである。

天台大師は、法華経方便品の「諸法実相」に仏と仏とのみが通じあえる悟りの世界を見出し、それは十如に約されているとし、更にその十如は互具する十界と、三世間とを具備するものと見て、そこに悟りに至る（法華）三昧の修行の原理として一念三千を明らかにされた。しかし、日蓮聖人はそのような悟りの世界は、久遠に完成され、それよりこのかた娑婆国土の大衆に教化を施され、大衆を救済しようという誓願に立たれた釈尊の教化が根幹をなし、その釈尊よりの救済のはたらきかけこそが一念三千なのであるとされ、われわれの受持せねばならぬ教法は一念三千の珠を包含された南無妙法蓮華経の五字七字なのであると説かれる。

日蓮聖人は主著たる『如来滅後五五百歳始観心本尊抄』において滅後末法における観心と本尊と法華経弘通とを明らかにされているが、そこにおける観心の追求は決して三昧法のごときものではない(1)。すなわち、「(問曰）観心之心如何」という問いに対して、

答テ曰ク　観心トハ者観シテ二我カ己心ヲ一見ル二十法界一。是ヲ云フ二観心ト一也。譬ハ如シ下雖レ見ルト二他人ノ六根ヲ一未タレ見二自面ノ六根ヲ一不レ知ラ二自具ノ六根一ヲ。向フ二明鏡ニ一之時始テ見ルカ中自具ノ六根ヲ上。設ヒ諸経之中ニ処々ユ雖レ載スト二六道並ヒニ四聖ヲ一不レハレ見二法華経並ニ天台大師所述ノ摩訶止観等ノ明鏡ヲ一不ルレ知ラ二自具ノ十界百界千如一念三千ヲ一也。（定遺

七〇四頁）

と述べられるように、聖人のいう観心とは、凡夫の己心に十法界、就中、四聖界（仏界・菩薩界・縁覚界・声聞界）を具すということがどうして言えるかの論であって、具体的な三昧の行儀のようなものではない。我が己心に十法界を観ることができる以上、釈尊の救済に覆われたる（仏界に縁起せられたる）ことの認識に住して、五字七字の南無妙法華華経（要法）の信受念持に立つことこそ肝要だからである(2)。

第二節　題目の受持と三昧

日蓮聖人の宗教は『立正安国論』に見られるように、日本国が一同に謗法の機であるとし、その救済は釈尊に確証されたるものであるとし、末法＝法滅尽時という歴史への教法のはたちきかけを具現されたものである(3)。したがって、前述のように三昧について殊更に追求されず、天台大師の一念三千の観門についても、全く転換的な解釈を行なっている。

しかしながら、方便品において無量義処三昧より安祥として立たれた釈尊への絶対信順があるのであるから、その根底にある釈尊の到達された三昧への憧憬があると推測してよいのではなかろうか。聖人が、最も親しく常に所達の境地を語られた富木常忍への書簡、『忘持経事』には、富木氏の身延登詣を次のように叙述されている。

峨々タル大山重々トシテ漫々タル大河多々ナリ。登レハ二高山ニ一頭ヲ捽《うち》レ天ニ下レハ二幽谷ニ一足踏ムレ雲ヲ。非レハレ鳥ニ難クレ渡リ非レハレ鹿ニ難シレ越ヘ眼眩《くるめき》足冷ユ　羅什三蔵ノ葱嶺・役ノ優婆塞ノ大峰モ只今ナリト云云。然ル後尋ネ二入リテ深洞ニ一見ル二一庵室ヲ一。法華読誦ノ音響キ二青天ニ一　一乗談義ノ言聞ユ二山中ニ一。触レテ二案内ヲ一入リレ室ニ、教主釈尊ノ御宝前ニ安二置シ母ノ骨ヲ一五体ヲ投ケレ地ニ合掌シテ開キ二両眼ヲ一拝シ二尊容ヲ一歓喜余リレ身ニ心ノ苦ミ忽チ息ム。我頭ハ父母ノ頭我足ハ父母ノ足我十指ハ父母ノ十指我口ハ父母ノ口ナリ。譬ハ如シ二種子《たね》ト菓子《このみ》ト身ト与一レノ影。教主釈尊ノ成道ハ浄飯・摩耶ノ得道。吉占師子・青提女・目犍尊者ハ同時ノ成仏也。如レク是ノ観スル時無始ノ業障忽チ消ヘ心性ノ妙蓮忽ニ開キ給フ歟カ。（定遺一一五一頁）

ここに絶対の境地に立たれた聖人のすがたがうかがえるし、それはまた佐渡、鎌倉、清澄等にも見られたことであろう。

しかも、今の『忘持経事』には、富木氏の強情な信仰を讃えて、常啼菩薩・善財童子・雪山童子・楽法梵志の求道を述べ、

此等ハ皆上聖大人也。検ルニ二其迹ヲ一居シ二地住ニ一尋ヌレハ二其本ヲ一等妙ナル耳。身ハ入リ二八熱ニ一得二火坑三昧ヲ一　心ハ入テ二八寒ニ一証シ二清涼三昧ヲ一身心共ニ無レ苦。譬ハ如下シ放チレ矢ヲ射二虚空ヲ一握テレ石ヲ投上スルカレ水ニ。（定遺一一五〇頁）

と、かれらが八熱・八寒の地獄に遭ってもその中に三昧を得ていたと述べている。このような叙述から類推すれば、不軽菩薩の跡を継承した日蓮聖人は、さまざまな難苦に遭遇する中で確信を貫き通された姿を、このような三昧の境地に托《たく》されているかと思う。

このように日蓮聖人は激しい弘教の実践の背後に絶対安住の世界を持っていたことがうかがわれるが、三昧＝定をどのように位置づけられたであろうか。

聖人は『四信五品鈔』の巻頭「近来ノ学者一同ノ御存知ニ云ク　在世滅後雖レ異リト修二行スルニハ法華ヲ一必具ス二三学ヲ一。缺テモレ一ヲ不レ成セ云云」（定遺一二九四頁）という課題を提示しておられる。すなわち、近来の学者の一致した見解として、凡そ仏教であるからには、釈尊在世であれ、滅後末法であれ、必ず戒・定・慧の三学を具さねばならぬのであって、今、法華経を修行するにも必ずそれを必須とするという主張を掲げるのである。それに対して聖人は、法華経迹門・本門の流通段こそ末法の明鏡であり、そこに末法において法華経を修行する相貌が明示され

ているとし、就中、分別功徳品の四信・五品こそは法華経を修行するの大要、在世滅後の亀鏡であるとし、また次のように述べられる。

其中ニ現在ノ四信之初ノ一念信解ト為二滅後ノ五品ノ第一ノ初随喜一　此二処ハ一同ニ百界千如一念三千ノ宝篋　十方三世ノ諸仏ノ出門也。(定遺一二九五頁)

結局、聖人は末法の衆生を六即中の名字即と規定し、その初心の行者が円の三学を具するや否やの課題に対して、

仏正シク制二止シテ戒定ノ二法ヲ一向ニ限二ル慧ノ一分一ニ。慧又不レハ堪ヘ以テレ信ヲ代フレ慧ニ。信ノ一字ヲ為スレ詮ト。不信ハ一闡提謗法ノ因　信ハ慧ノ因　名字即ノ位也。(定遺一二九六頁)

と、ひたすら信をもってする智慧の受得を主眼として持戒と禅定とを押しとどめている。

そして更に、「問テ云ク末代初心ノ行者制二止スル何物ヲカ一乎」との問いを掲げて、再び

答日制二止シテ檀戒等ノ五度ヲ一向ニ令ルヲレ称セ二南無妙法蓮華経ト一　為ス二一念信解・初随喜之気分ト一也。(定遺一二九六頁)

と六波羅蜜中、信をもって智慧を受得することを眼目として、その他五波羅蜜(五度)を制止する旨を述べ、経文には(初)随喜品・(二)読誦品・(三)説法品・(四)兼行六度品・(五)正行六度品の五品のうち、六波羅蜜の修行を許されるのは第四・第五品であって、それ以前の段階はそれを制止されていることを明らかにせられる。そして、天台大師の『法華文句』第九の文を掲げ、それによってひたすら題目の五字七字を修することを勧奨し、六波羅蜜を修行せよというのは結果的に末代の愚人を南岳大師・天台大師の両聖と同じ次元で考えるということとなるのであって、それは誤りの中の誤りであると批判されるのである。

文句ノ九云「初心ハ畏ル下縁ニ所レテ二紛動セ一妨ンコトヲレ修スルヲ中正業ヲ上。①直チニ専持ツ二此経ヲ一即上供養ナリ。②廃シテレ事ヲ存

レスルハ理ヲ③所益弘多ナリト。」（定遺一二九七頁）

ここに言う「縁」とは五度を意味するのであって、初心の者が兼ねて五度を行ずれば正業の信を妨げることとなり、題目の五字七字信受念持を貫徹することにはならないこと、あたかも小船に財を積み過ぎて沈没するようなものだとする。そしてさらにひきつづいて『文句』巻九を引用した①②③について次のように述べている。①直専持此経とは、一経の文文句句に亘るまでの持経を意味するのではなくて、専ら題目を唱えることである。即ち一経に亘る読誦、いわんや五度の修行を必須としないという意味である。②の廃事存理とは持戒等の事の修行を捨てて題目という根本の理を受持することである。③所益弘多とは、初心の者が諸行を修しつつ題目を受持しようとすることは、却って得られるはずの所益を失なうこととなる、というのである。

以上のように、日蓮聖人は久遠実成の釈尊の教化、即ち一大事因縁を確認し、ともあれ一念信解・初随喜の気分をもって、題目の五字七字の信受によって釈尊の救済に直結することを最大の眼目とし、それを見失ってしまったならば個別的な修行実践は全く意味を失なうこと、否、末法（法滅尽時）初の今、個別な実践徳目（事）にかかづらうことは釈尊の絶対救済に浴するということ（理）を見失なうことであると述べられているのである。そして、このような信心為本に、実は六波羅蜜が自ら収められていることを、「略して経題を挙るに玄に一部を収む」とも、「妙法蓮華経の五字は経文に非ず、其の義に非ず、唯一部の意のみ。初心の行者その心を知らずとも、而も之を行ずるに自然に意に当る也」（原漢文、定遺一二九八頁）と明らかにされているのである。

「三昧」とは、「心が静かに統一されて、安らかになっている状態。禅定と同義語。」「心を不動にした宗教的瞑想の境地。主観と客観とが不二融即した地位」等の解説がなされている(4)。

前述のように日蓮聖人は改めて三昧という用語を用いてはいないが、かと言って宗教的瞑想の境地を否定しているわけではないであろう。

日蓮聖人は釈尊の一大事因縁を救済の基幹とし、久遠釈尊からのはたらきかけを、法華経の受持によって、釈尊の因行果徳の二法を自然に譲り与えられる信心の境地への安住として説示された。このような聖人の観点からすれば、三昧を所観の仏陀の三昧と凡夫の三昧への能観の道程とに分けて考えることが許されるのではなかろうか。

言うまでもなく、天台大師は仏陀への絶対信を基幹としつつ、仏陀の諸法実相観達の絶対の境地への参入を十境十乗の観法によって示した。日蓮聖人はそれを超克して但信無解の受持なる絶対信への道を示された。しかし、それは能入の道程における教示であって、所達の久遠の釈尊の絶対的境地を否定するものではないのであるから。

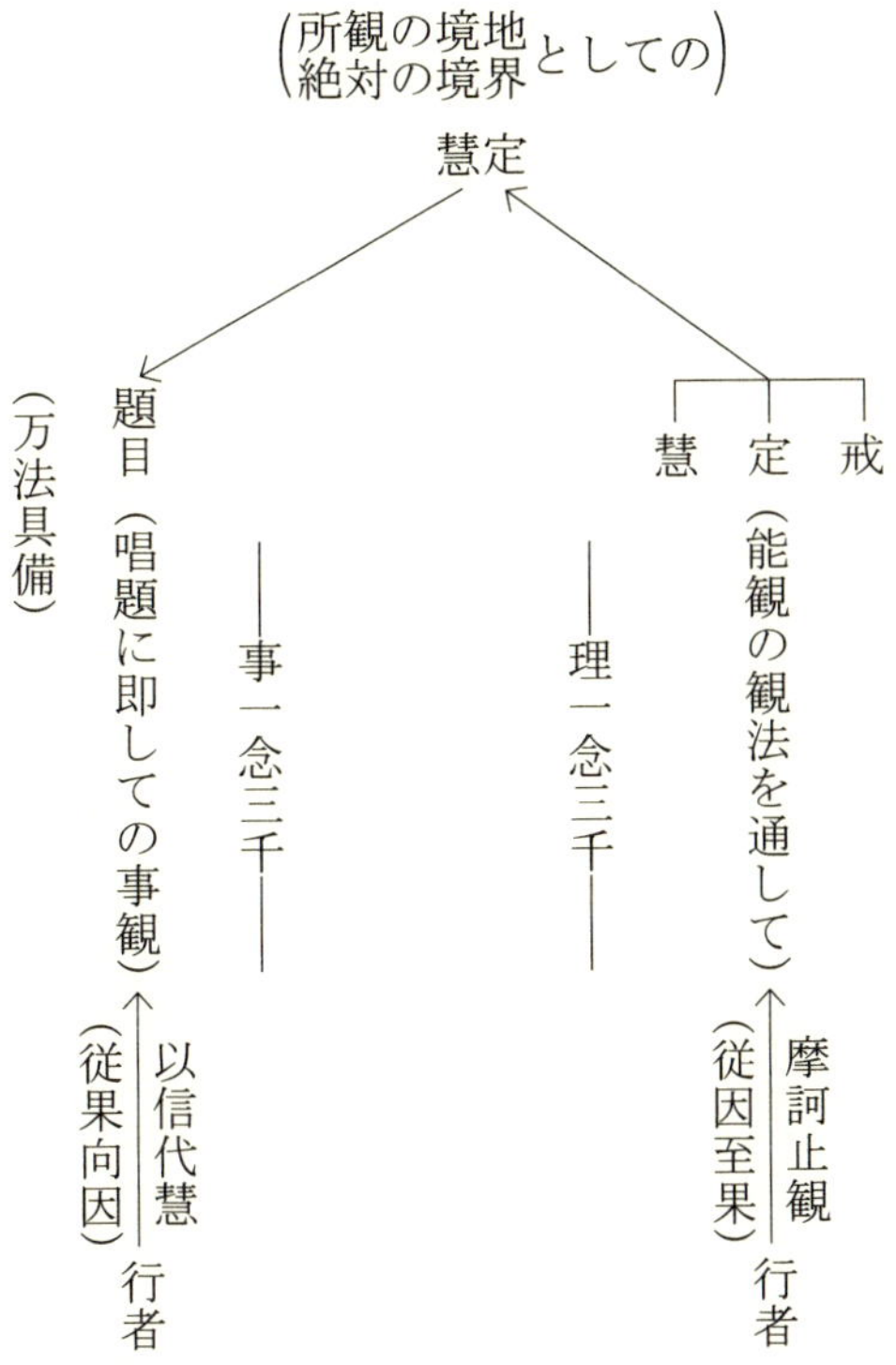

第三節　近世日蓮宗教学の三昧追究

さて、日蓮聖人の如説修行観は、法華色読・折伏弘通の如説修行として継承されたが、近世初頭において一如日重（一五五〇―一六二三）は、常恒の如説修行を重要視し、受持一行の徹底に対して受持・読・誦・解説・書写の五種行を修することを勧めた。これは受持正行論に対して五種妙行論といわれる(5)。そして、日重の弟子日乾・日遠によってこの思考は継承され、やがてこの門流より、倫理的実践派・内省派・修正派とよばれる傾向の人々が出現する。

もっとも、室町期においても、藻原日海（一三四一―一三九六）は日蓮聖人の『四信五品鈔』によって末代法華の行者位を追求して『法華行者位見聞』十六巻を著し、『四信五品鈔』にいう「初随喜の行相」とは迹門の一乗観法・本門の十乗観法を修することであるとし、更に自著の短篇「法華三昧料簡抄」上・下を転載して、末代法華行者における三昧の修習を問題としている(6)。このように藻原日海は『摩訶止観』に示される十乗観法の理念を媒介として「法華三昧」を追求しようとしていると思われるが、近世日蓮宗内省派教学においては、天台の理一念三千観心が一心三観・十乗観法を修証の形態としているのに対して、日蓮聖人の受持唱題を事一念三千観心としてとらえ、その当処に事観修証の論理を追求しているのである。この点、事観論展開における観心追求が、受持唱題を末法における信受の唯一必須のありようとしつつ、なおその場面に事観の追求をなすというところに、教義把握の微妙な展開が見られるといえるであろう。

すなわち、寂照日乾（一五五四―一六三五）は『宗門綱格』において無相の懺悔、有相の懺悔を論じ、一妙日堯（一六三四―一七一四）は『法華浄心録』において事観を有相懺として位置づけ、深草の元政（一六二三―

一六六八）は天台の『小止観』を解釈した『小止観鈔』を著す一方、『草山集』の詩文等の中には観心の探究が認められる。更に観如日透（一六五三―一七一七）は『事一念三千義』を著して「事がままの観心」を追求し、本妙日臨（一七九三―一八二五）は『法華観心讃』等を著して観心修証を実験した。そして近世日蓮宗教学の大成者優陀那日輝（一八〇〇―一八五九）は日臨の『法華観心讃』に収納される観心追求を継承し、教義の面においても儀礼の上においてもその体系化につとめたのである(7)。こうしてみれば、近世日蓮宗教学における事観論の展開が今の課題と直結することになると考えられるであろうし、そこで、いわば「本門の観心」（本門の三昧）の追求がなされたということになるであろう。

しかしながら前述のように、その「本門の観心」とは信心為本の受持唱題の当処に即する観心であって、十乗観法のごとき凡夫の自己の三昧を経て仏陀の絶対境界としての三昧に到達しようとするものではない。あくまで、仏陀の絶対的境地の三昧の直接的領納であり、信心による受納の場面における三昧の実感実得でなければならないのである。とは言え、これら事観論の発想は、いわば当時の教団における異端的なものであったろうし、前掲の諸師のうち寂照日乾は例外として、いづれも隠遁の風が見られるのである。元政のごときは、彦根藩藩士から病身の故もあって出家し、京都深草に（禅宗風の）庵を建てて立像の釈尊（一体仏）を奉安し、文人墨客と盛んに交流し、母親に孝養を尽し、なお俗事を退けて自己の心象を納得せしめる本門法華の受納を念願とした風雅の人である。しかもその影響は心ある人々に大きいのである(8)。

第四節　本妙日臨の事観義

元政の影響を受けた人に本妙日臨がある。日臨には『法華三昧勘文』(9)一巻の述作があったことが伝えられ、その旧蹟、山梨県身延町波木井の醍醐園（本妙庵）には、日臨が瞑想に耽ったと伝える一間（一・八ｍ）立方の堅穴が今日現存するのであって、より直接的に瞑想に言及しているのである。その点、諸師が唱題と事観との教理的関係を論じたり、瞑想の境地を詩文に托するのとは聊か異なると思うので、本妙臨律師の事観義についてふれてみよう。

『教観譬林』(10)には観心無心・端坐要行・一心三観・凡聖一如・鑽仰止観・無作境智・十界互具等の覚え書きがあり、『教観雑篇』には二、事観理観、一二、唱題三観・二九、事一念三千・三〇、三諦三観即一心顕、等を挙げている。しかし、『眼海濤波』(11)にはより直接的な表現が見られる。まず、「祖師は末世に出玉へる故嬰児行病行の化導多き也」と、宗祖創業の時代と文運隆昌の今日との時代相の違いを明し、日蓮宗の行者も『摩訶止観』を読んで、一には他家に対し、二には自行を深めて行く心構えが必要であるとし、題目を唱える心構えを「唱題の行人、先づ文字の想を離れ、次に義解の想を離れ、次に心の想を離る」と述べて、唱題に即しつつその当処に次第に観心への沈潜をはかるべき旨を簡潔に述べている。恐らくこれは、日臨の体験を踏まえた記述であろう。

そして、事観義については「事観理観の事一家の大関なり」といい、その「深理（は）不可思議にして四句を離れたるものなり」と、

一ニハ約レ教判レ教　（四教五時の如し）

二ニハ約レ教判レ観　（三蔵は析空観、通教は体空観、別教は次第三観、円教は一心三観といふ類なり）

三ニハ約レ観判レ教　（因縁所生を三蔵とし、即是空を通教とするが如し）

四ニハ約観判観　（直に一念三千即空仮中と云ふが如し）

というこれら四句を超えたものと述べる。そして、天台家の理観と日蓮宗の事観との相違について、日蓮聖人の『富木入道殿御返事（治病大小権実違目）』にいう「一念三千ノ観法に二ツあり。一ニハ理、二ニハ事なり。天台・伝

教等の御時には理也。今は事也。観念すでに勝る故ニ、大難又色まさる。彼は迹門の一念三千、此は本門ノ一念三千也。天地はるかに殊也こと也」（定遺一五二二頁）との文意を前提としつつ、次のように云う。「事観・理観と云うものは行門の時の差別なり、然るに台家の理観は閉たる門を開て通入するが如し、当家の事観は本より開きたる門へ入るが如なり」と、日蓮宗の事観は開かれているそれであるといい、理観は心を観じ、事観は色を観ずるなり、即ち無作三身を観ずるなり、猶能観は両家倶に心なり、所観は色心の別あるなり、色心不二は勿論の事なれども、其上に別して心をとると色をとるとが両家の別ある処なり」と述べる。

ここに「無作三身」を観ずるというのは、中世以来の日蓮宗における本覚思想の曳引であろうし、また色心不二についても荊渓以来の展開を援用していることになるであろうし、そういった意味で、日臨の事観修証の心象を解析して行けば、それはやはり天台家の観心と通ずるところがあるかも知れないが、無作三身を観じ、所観において色をとるということは、仏界への直結の当所に事観があるということであろう。もともとこの文章は思いつづけるままに記したものであろうから、短文で論理的論述ではないが、しかし、実修の当所における心象を率直に述べたものと理解できようか。

日臨は『妙経観心略解讃』[12]を三篇編んでいるが、その巻頭、日臨は「当に今智者の観解に依憑し、高祖の妙義を指南とし、観心略解讃を作り」と述べて、高祖日蓮聖人の指南を心象に実修するために天台智者大師の観解の心得を援用しようとしたものであろう。即ち、本師大聖（釈迦牟尼仏）、高祖大士（日蓮聖人）の加被力に浴しつつ、平等法身の供養を受け、一心三観の念を現前し、恒沙の法門を弁暁して、

所ハレ詮スル一向帰スニ観心ニ一、所ハレ願在リレ欲スルニ令ンシト下一会ノ行者ヲシテ信心清浄ニ増ニ長シ念力ヲ一、生シニ精進ノ想ヲ一、所縁ヲ繋テニ一境ニ一、撃ニ発シ観恵ヲ一、令シテニ所唱ノ玄題ヲ一、在縁分明、深ク入中妙法ノ境界ニ上也、

と述べている。

そして、無量義経・妙法蓮華経・仏説観普賢菩薩行法経の各品について、「一念ノ己心」に妙法蓮華経の各説を具することを理解し、それを自己の一心に体解して行こうとするものである。本書は日臨の観心を更に発展させた優陀那日輝によって『解説』が製作され、その実修が「礼誦儀軌」の中で実修されている通り、かなり実際的なものであったと思われる。

その趣旨は、『妙法蓮華経釈』によって伺うことができよう。即ち、

別シテ観心ニ約シテ、妙法蓮華経ヲ述讃セバ、妙ト者、行者一念ノ心ヲ観スルニ、自行ノ因果、化他ノ能所、久遠ノ依正、化道ノ始終、本迹ノ十妙、妙トシテ具セザル事ナリ、……

等と、法・蓮・華・経を釈し、次いで、

凡夫ノ舌根ヲ以テ、如来ノ言ヲ唱フルヲ名テ為レス妙ト、凡夫ノ心ヲ以テ、仏ノ内証ヲ持ツヲ為レ法、凡夫身ヲ以テ、仏ノ果報ヲ得ルヲ名テ為レ蓮ト、凡夫ノ業ヲ以テ、如来ノ事ヲ行ズルヲ名テ為レ華ト、凡夫ノ信心ヲ以テ、聖人ノ教ヲ伝フルヲ名テ為レ経ト、一タビ題目ヲ唱フルニ其功徳如レシ是ノ

というところに、日臨の観心の結帰が見られよう。

第五節　小　結

以上、まず、日蓮聖人における（専持法華）受持一行の教義体系における三学実修の否定的見解に即しつつ、聖人の法華経・釈尊の宗教的絶対的境地への直結が課題とされている教義構造を考察した。そして、その上になおかつ、絶対的境地という所観に肉薄して行く能観の世界を唱題に即しつつとらえようとする理解も可能ではないかとの見解に立った。

そして、後半においては、聖人滅後の教学史上、如説修行の理解と関わって、事観を主張し、意業の定着を図ろうとする風が起ったことを簡単に述べ、その系流の日臨における実際的な観心への接近について若干考察した次第である。

注

（1）茂田井教亨「観心本尊抄における止観」（関口真大編『止観の研究』所収）
（2）石田瑞麿「日本仏教における法華思想」（横超慧日編『法華思想』所収）等には、中古天台における「観心」の概念は、原始天台のいう三昧法と異なり、鎌倉仏教にそれが曳引しているという。その指摘は、注意を要すると思う。
（3）渡辺宝陽「日蓮聖人の宗教における謗法の意義」（茂田井・宮崎編『日蓮聖人研究』所収）
（4）中村元『仏教語大辞典』
（5）渡辺宝陽『日蓮宗信行論の研究』第四章第一節、執行海秀『日蓮宗教学史』
（6）渡辺宝陽前掲書第三章第三節
（7）渡辺宝陽前掲書第五章、執行海秀前掲書
（8）執行海秀前掲書
（9）『日蓮宗宗学章疏目録』二四五頁には正本の醍悟園所蔵を伝える。
（10）『本妙日臨律師全集』三〇頁
（11）『本妙日臨律師全集』四〇頁
（12）『本妙日臨律師全集』四五頁

結　語

以上、本書では、緒言にも述べたように、日蓮聖人の宗教が証悟よりも、むしろ救済において仏教体系を集約していることを前提とし、本尊の理解がそのような視点からなされなければならない点を論証しようとした。このような視座に立つならば、日蓮聖人滅後における法・仏本尊や人・法本尊、教・観本尊の論についても、一定の位置づけをすることができるであろう。そしてまた、従来とも言われて来た輪円具足等の概念についても、あらためて詳細な理論化が進められなければならないであろう。

これらについて、日蓮聖人滅後の教学展開についての多くの問題との関連が論点とされることは言うまでもないが、更に遡って考えるならば、日蓮聖人のこのような本尊観や信行論が、前代の仏教のいかなる点を継承し、いかなる点を飛躍的に克服したかの問題が改めて問われて来る。これらの問題を解明するためには本論文に論じた日蓮聖人の本尊観の根幹をふまえて、内実的な究明が必要とされるであろう。そうした点の検討については、今後の課題としたい。

あとがき

本書は、昭和五十五年十一月、「学位請求論文」（主査[redacted]教授・副査[redacted]教授）として承認された内容である。

昭和三十年三月の愚生の「立正大学」卒業直前に鈴木一成〔立正大学仏教学部宗学科主任教授〕・高木　豊〔同助手〕が父のもとを訪問下さっての、愚生の大学院「修士課程」進学の勧めを受けて仏教学専攻に進み、昭和三十二年四月、「博士課程」進学と同時に「宗学科助手」に任ぜられた。この間、望月一靖師〔当時・文学部講師〕より御縁を頂き、望月日雄師の身延山「久遠寺」総務就任に伴い、東京都足立区「法立寺」住職を継承。「立正大学」講師・助教授を経て、文部省の査察により、昭和五十年四月、教授に昇格。宮崎英修先生の計らいで宗門各聖の資助を頂き、『日蓮宗信行論の研究』〔平楽寺書店発行〕が昭和五十一年に刊行された。その後、仏教学部長に就任後、先輩諸先生の慫慂により、本書を学位請求論文として提出した。

その後、学長に就任するなど、学業が疎かになっていたので、平成元年三月、諸論攷を立正大学を定年退職する際、『日蓮仏教論』〔春秋社〕として刊行。昨年「日蓮宗新聞社出版部長」西條義昌師が、長年、一般財団法人・法華会編集部また高森大乗師〔元立正大学特任教授〕の法華経訓読入力のご協力も得て、『法華』誌に二十四年間連載していた「法華経講話」を、五巻一セットに纏めて『法華経三部経大講義』として日蓮宗新聞社から出版となった。日蓮宗新聞社長をはじめとする諸師、殊には日蓮宗新聞社出版部の西條義昌師らのご厚意により、一セット二万円余という頒価であったが、新聞社と法華会に多くの申込みがあり、改訂第四刷りまで発行販売が行われたのは望外の喜びである。また編集に当たっては一般財団法人・本多日生記念財団から出版実務助成を受け、頒布助成金として一般財団法人・法華会へ助成金を頂いた。

これを機縁として、令和三年十二月二日、勿体なくも中川法政・前宗務総長より「大僧正　叙任」を頂き、さらに、日蓮宗東京北部宗務所〔宗務所長・肉倉堯雄師〕・潮師法縁〔法縁長・井上日修師＝本山・谷中瑞輪寺貫主＝〕・立正大学仏教学部有志の発起により、今年九月十五日、ホテル・オークラで盛大な祝賀会をお開き頂き、また今年十二月十三日、熱海「大観荘」で潮師法縁各聖による祝賀会に於ても重ねて祝賀を頂戴した。

思いもかけぬ御厚情に対し、御礼することが叶わず呻吟していたところ、若い時、関戸堯海師〔元・身延山大学助教授〕と代市伸江さんに清書して頂いた学位請求論文が書架に放置されていたので、日蓮宗新聞社から刊行して頂いた次第である。

謹んで御厚情を頂いた宗門各聖に進呈申し上げたい。なお出版事情が厳しいなか、本多日生記念財団のおはからいで、本書刊行に際し、三十万円の助成を頂いた。本書刊行に御尽力下さった関係各位に、こころより、御礼を申し上げる次第である。なお、本書の出版については、手書き原稿のままのまま筐底に保存されていたままであったので、あらためて本書刊行にあたって高森大乗師に綿密な校正をして頂いたほか、立正大学日蓮教学研究所研究員の戸田教敞師・有村憲浩師等に元原稿の論攷との照合をお願いした。

思えば、学者の端くれとして、立正大学でお世話になるについては、前記の鈴木一成教授・高木　豊教授の導きによるほか、殊に茂田井教亨教授の温かい御指導をたまわった。坂本幸男教授〔仏教学部長⇒立正大学長〕の発企により、望月歓厚先生が『日蓮教学の研究』を提出し、東洋大学から文学博士の学位を得た際、僅かなお手伝いをしたが、卒業論文も大学院修士論文も、望月歓厚先生が主査であった。また、『昭和定本日蓮聖人遺文』刊行を提起された坂本先生の命により、同書第四巻の「索引」作成にあたり編纂委員の一人に加えて頂くなど、諸先生の御指導・御厚情を得たことを、老年になって思い起こす次第である。また本書を執筆していたのは、小寺のお檀家の厚情を頂いて新築した「書院」書庫に格蔵された文献により、二階の書斎で勉強に熱中していた成果であったことを想起し、感謝に堪えない次第である。

令和四年師走

渡邉宝陽〔記〕

学位請求論文初出一覧

本書は四十三年前に提出した「学位請求論文」を元にしたものなので、初出の論文については忘却の彼方である。が、日蓮教学研究所の研究生諸師に調べて頂いた一覧を記す。

「第一章」「第一～六節」
「大曼荼羅と法華堂」（川添昭二・高木豊・藤井学・渡邊寶陽編『研究年報　日蓮とその教団』一集、平楽寺書店、昭和五一年四月）

「第二章」「第一～三節」
「日蓮聖人の釈尊観」（影山堯雄編『茂田井先生古稀記念　日蓮教学の諸問題』、平楽寺書店、昭和四九年一二月）

「第三章」「第一節」
「「釈迦仏・法華経」覚え書き」（現代宗教研究所編）『所報』No.四、日蓮宗宗務院、昭和四五年三月）

「第二章」「第二節」
「日蓮聖人における「三仏」帰命」（『大崎学報』一二五・一二六合併号、立正大学仏教学会、昭和四六年七月）

「第四章」「第一節」
「「謗法・堕獄」覚え書き」(『日蓮教学研究所紀要』四号、立正大学日蓮教学研究所、昭和五二年三月)
「第四章」「第二節」
「日蓮聖人の仏性論の基盤」(『印度学仏教学研究』二八巻二号、日本印度学仏教学会、昭和五五年三月)
「第五章」「第一節〜六節」
「本迹論の展開」(影山堯雄編『中世法華仏教の展開』法華経研究Ⅴ、平楽寺書店、昭和四九年一二月)
「第六章」「第一節〜三節」
「日蓮宗各派における教学体系化の様相」(宮﨑英修編『近世法華仏教の展開』法華経研究Ⅶ、平楽寺書店、昭和五三年三月)
「第七章」「第一節〜五節」
「日蓮教学における三昧の問題」(『日本仏教学会年報』四一号、日本仏教学会昭和五一年三月)

〈著者紹介〉

渡邊寶陽

一九三三年生まれ。

立正大学大学院修士課程修了。同博士課程修了。同仏教学部教授。立正大学学長を経て、現在立正大学特別栄誉教授。文学博士。

著書に『日蓮の言葉』『日蓮仏教論』『日蓮聖人全集全七巻』（監修）ほか多数。

学位請求論文

「日蓮教学における本尊と信行の研究」

初刷　二〇二三年二月十六日

著者　渡邊寶陽

校訂　高森大乗

発行　日蓮宗新聞社

印刷　モリモト印刷株式会社

〒一六二-〇八一三　東京都新宿区東五軒町三-十九

電話　〇三（三二六八）六三〇一